MON PROF à la maison

FRANÇAIS – CM2

Conception des activités

Camille Denoël Maxime Paul

rue des écoles

Éditions rue des écoles – 7/9, rue Saint-Germain l'Auxerrois – 75001 Paris
EAN : 9782820816405
Achevé d'imprimer en Espagne, par Mazarine Networks en mai 2024
Dépôt légal : juin 2024

FSC www.fsc.org
MIXTE
Papier issu de sources responsables
FSC® C105899

Avant-propos

La collection « Mon prof à la maison » constitue un support idéal pour renforcer les notions étudiées en français tout au long de l'année scolaire. Les activités proposées accompagnent l'enfant pas à pas dans l'acquisition et le renforcement des connaissances et compétences indispensables à sa progression.

Ne soyez pas inquiet s'il a besoin de temps et de pratique pour maîtriser la complexité de la langue française : les enfants n'avancent pas tous au même rythme. N'oubliez pas que si les règles d'orthographe et de grammaire sont largement automatisées chez les adultes, les enfants en découvrent les principes.

Patience, accompagnement bienveillant et encouragements sont de véritables moteurs pour la réussite de tous.

Contenu du cahier

Des pages d'exercices Les activités présentes dans ce cahier sont centrées sur les compétences en français abordées tout au long de l'année de CM2.

Des pages d'évaluation Après dix leçons, une évaluation est proposée afin de faire le point sur les notions acquises. Ces bilans permettent de constater les progrès réalisés ou les éventuelles difficultés rencontrées.

Des pages mémo Présents en fin d'ouvrage, ces mémos sont une aide pour les exercices et les évaluations. Votre enfant peut s'y référer aussi souvent qu'il le souhaite.

Des corrigés détachables Vous pouvez retirer les pages de corrigés afin d'éviter à votre enfant la tentation de consulter les réponses.

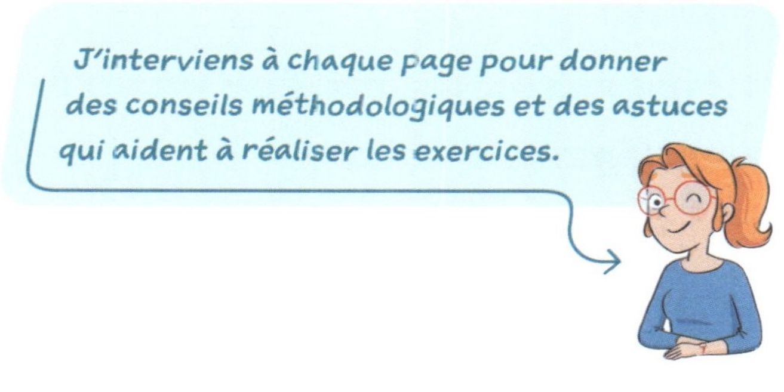

Sommaire

MÉMOS

Le sujet et le verbe

JE RETIENS

Le **sujet** est celui qui fait l'action ou qui est dans l'état indiqué par la phrase.
Le **verbe conjugué** indique l'action qui est faite (ou l'état du sujet).

Exemple : **Mon frère** (Sujet) **joue** (Verbe) dans la boue. **Il** (Sujet) **est** (Verbe) tout sale.

Astuce : Pour retrouver le sujet et le verbe facilement, tu peux utiliser la phrase « C'est… qui… ».
Exemple : **C'est Mon frère qui joue** dans la boue.

1 Souligne les cinq verbes conjugués du texte, et encadre les sujets.

Le chevalier avançait dans les bois quand il entendit un bruit sourd. Un gros arbre était tombé tout près de lui. L'homme en armure s'arrêta pour écouter la forêt qui restait silencieuse.

2 Indique l'infinitif et le groupe des verbes soulignés.

a. La princesse attendait patiemment. → ....

b. Le vent souffle dans les branches. → ....

c. Un château finit par apparaître. → ....

d. Le jeune homme a eu très peur. → ....

Tu trouveras des tableaux de conjugaison aux ***pages 54 à 58.***

3 Écris ces phrases en remplaçant le sujet par un pronom personnel.

a. Hier, mon frère a dormi dans sa cabane.

→ ....

b. La semaine prochaine, mes cousines nous rendront visite.

→ ....

c. Léa et Alexandre sont venus te chercher.

→ ....

d. Ton frère et toi êtes invités à mon anniversaire.

→ ....

Pour trouver le sujet, tu peux aussi te poser la question « Qui est-ce qui… ? + verbe ».

Le présent de l'indicatif

1 Souligne les six verbes du texte qui sont conjugués au présent de l'indicatif, puis indique leur infinitif et leur groupe.

Tous les matins, je descends les escaliers et je retrouve ma petite sœur dans la cuisine. Elle est particulièrement bavarde et même si je n'en ai pas très envie, je finis par l'écouter me raconter ses rêves. Elle peut parler pendant vingt minutes !

a. .... → .... groupe   b. .... → .... groupe

c. .... → .... groupe   d. .... → .... groupe

e. .... → .... groupe   f. .... → .... groupe

Attention, il y a aussi dans ce texte des verbes à l'infinitif !

2 Complète les phrases avec les verbes proposés correctement conjugués au présent.

a. Vous **(obéir)** .... au professeur.

b. Je **(vouloir)** .... venir avec toi !

c. Nous **(déplacer)** .... notre pion sur le plateau.

d. Tu **(jeter)** .... une pierre dans l'eau.

3 Complète la grille en conjuguant les verbes demandés.

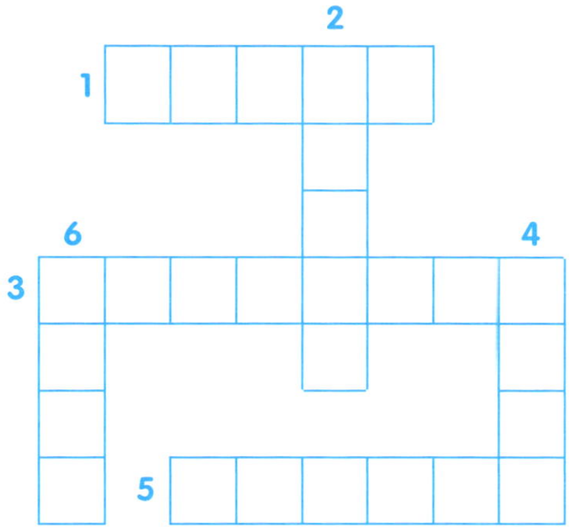

1. Donner, 3e personne du singulier.
2. Nouer, 2e personne du singulier.
3. Manger, 1re personne du pluriel.
4. Être, 1re personne du singulier.
5. Boire, 1re personne du pluriel.
6. Mettre, 2e personne du singulier.

DÉFI

Remets les lettres dans l'ordre pour obtenir trois conjugaisons du verbe prendre au présent.

NENEPTNR : .... EPSDRN : .... OEPRNNS : ....

Le groupe nominal

JE RETIENS

Un **groupe nominal** est un groupe de mots dont le noyau est le **nom**.
Le **nom** est accompagné d'un **déterminant**, et parfois d'un ou plusieurs **adjectifs**.
Dans un GN, le déterminant, le nom et l'adjectif ont le **même genre** (masculin ou féminin) et le **même nombre** (singulier ou pluriel).

Exemple : une vieille voiture → féminin singulier
(une : Dét. ; vieille : Adj. ; voiture : N)

1 Encadre les six groupes nominaux du texte suivant.

Après cette longue marche dans la forêt, le groupe décida de faire une petite pause. Les sacs lourds furent enlevés, et on en profita pour prendre une légère collation revigorante.

2 Relie chaque groupe nominal à son genre et à son nombre.

- une route cabossée •
- quelques vieux amis •
- des arbres centenaires •
- mes photographies amusantes •
- le vieux banc décoloré •
- plusieurs chansons entraînantes •

- • masculin singulier
- • masculin pluriel
- • féminin singulier
- • féminin pluriel

Fais bien attention aux marques du pluriel et à celles du féminin !

3 Reconstitue et recopie chaque groupe nominal.

des — mon — blouson — fée
usé — une — actrices — occupés
des — boulangers — méchante — connues

....
....

....
....

Attention aux accords en genre et en nombre !

Le féminin du groupe nominal

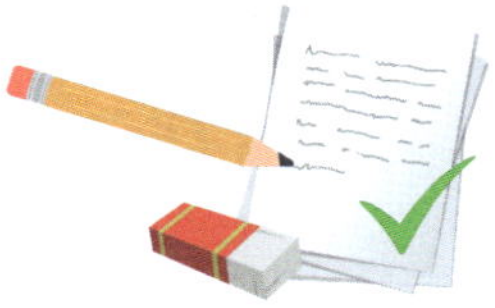

JE RETIENS

Certains noms et tous les adjectifs peuvent être mis au **féminin**. Souvent, on ajoute un **e**, mais d'autres règles existent.

Exemples : un ami content → une ami**e** content**e**
un lion sauvage → une lion**ne** sauvage
un boulanger heureux → une boulang**ère** heureu**se**
un beau cheval → une be**lle** **jument**

1 Souligne les six groupes nominaux du texte et indique en dessous s'ils sont masculins (M) ou féminins (F).

Poursuivies par le lion féroce, les gazelles apeurées courent dans la savane infinie. Elles font des bonds désespérés dans tous les sens pour tenter de semer l'impitoyable prédateur.

2 Transforme ces GN en les mettant au féminin.

a. Un acteur français → ……………………………………

b. Le chien gentil → ……………………………………

c. Ce garçon timide → ……………………………………

d. Mon voisin bruyant → ……………………………………

Certains noms féminins sont complètement différents de leur équivalent masculin ! Tu dois les connaître par cœur.

3 Pour chaque phrase, entoure la bonne proposition.

a. Ma vieil / vieux / vieille voiture ne veut plus démarrer.

b. Hier, j'ai rencontré la nouvel / nouveau / nouvelle amis / amie / amies de ma petite / petites / petits cousines / cousins / cousine.

c. Ces jeunes / jeune fille / filles canadien / canadienne / canadiennes habitent une grand / grande / grandes maison / maisons.

d. Sophie a une long / longue / longues chevelure / chevelures blondes / blonds / blonde.

DÉFI

Retrouve le féminin de ces noms.

singe : …………………… parrain : …………………… empereur : ……………………

Copier des textes

Pour être plus lisible, prends le temps de ralentir ton geste !

1 Observe le modèle et recopie-le. Essaie d'écrire chaque groupe de mots en une seule fois.

Les instruments de musique peuvent être classés en trois familles : les percussions, les instruments à corde, les instruments à vent. Dans la famille des percussions, il y a la batterie, le djembé et les castagnettes. La famille des cordes regroupe des instruments comme le violon, la guitare ou la harpe. On distingue deux sous-catégories dans la famille des instruments à vent : les cuivres (le trombone, le cor, la trompette, etc.) et les bois (le hautbois, la flûte traversière, ou encore la cornemuse).

2 Transcris ce texte en lettres cursives.

Ludwig van Beethoven est un compositeur allemand. Enfant prodige de la musique, il a créé de nombreuses œuvres. Il est devenu sourd à 26 ans, mais cela ne l'a pas empêché de continuer à composer !

Lire l'implicite

1 Lis chaque histoire, puis réponds à la question en faisant une phrase.

L'implicite, c'est ce qui n'est pas dit clairement dans un texte ou une situation, mais que l'on peut comprendre en observant attentivement chaque indice et en se représentant la scène.

a. « Mesdames et messieurs, merci de bien vouloir boucler vos ceintures, nous entrons dans une zone de turbulences. » Où peut-on entendre cette phrase ?

→ ....

b. Ce soir, Mathias ira admirer le feu d'artifice tiré par la mairie pour célébrer la fête nationale ! Durant quelle saison se déroule cette histoire ?

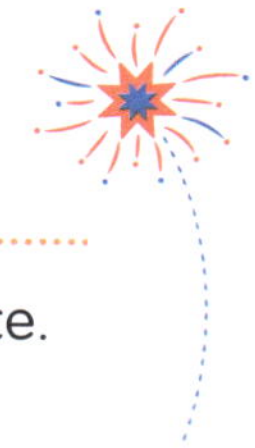

→ ....

c. Gabriel dévissa le boîtier et remplaça délicatement l'engrenage cassé à l'aide d'une petite pince. Enfin, les aiguilles se remirent à tourner. Quel est le métier de Gabriel ?

→ ....

2 Qui sont les personnages ? Lis chaque phrase, puis coche la bonne réponse.

a. À l'époque, ces cellules n'accueillaient que des **criminelles**.

- ☐ des femmes
- ☐ des hommes

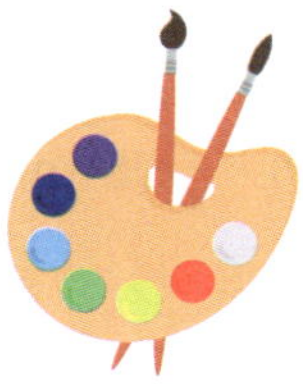

b. **Camille et Astrid**, pensifs, regardaient par la fenêtre.

- ☐ des femmes
- ☐ un homme et une femme

3 Lis chaque texte, puis indique le sport pratiqué par chaque personnage.

a. Maxime, fasciné par les mousquetaires, décide de suivre les traces de ses héros favoris. Il s'inscrit dans un club où il apprend comment se mettre en quarte, en quinte ou en sixte. Il préfère le fleuret au sabre. Bientôt, ses gestes deviennent fluides et gracieux, et il rêve déjà des compétitions qu'il remportera !

→ ....

b. Rémi montre sur le ring et s'approche de son adversaire. Il esquive un premier crochet et contre-attaque avec un direct du droit. Rémi commence à fatiguer quand soudain… victoire ! il réussit à mettre son adversaire au tapis ! Il se voit déjà comme le prochain Mike Tyson.

→ ....

c. Héloïse enfile un justaucorps, des demi-pointes, et se place à côté de ses amis devant le grand miroir. Aujourd'hui, ils vont réviser les arabesques, les entrechats, et peut-être même apprendre à faire des pirouettes fouettées !

→ ....

DÉFI

Pierre est enfermé dans une pièce plongée dans le noir, avec un miroir en face de lui et un miroir derrière lui.

Combien de reflets de lui-même va-t-il voir ?

→ ....

Les mots invariables

JE RETIENS

Les **mots invariables** s'écrivent toujours de la même manière. Ils ne s'accordent ni en **genre** ni en **nombre**, quelle que soit leur place dans la phrase.

Exemple : Cette fille est **souvent** fatiguée. → Ces filles sont **souvent** fatiguées.

1 Trouve le mot qui n'est pas invariable dans chaque liste. Barre-le.

a. très – chante – donc – encore – lorsque – mais.

b. soudain – maintenant – autour – autrefois – pour – table.

c. moins – comment – auquel – devant – à travers – sitôt.

d. elle – chez – bientôt – avec – voici – quelquefois.

2 Souligne le ou les mots invariables dans chaque phrase.

a. Les enfants jouent avec leur chien dans le jardin depuis ce matin.

b. Hier, il a plu toute la journée sans interruption.

c. Malgré la fatigue, elle continue à travailler.

d. Le soleil brille intensément dans le ciel sans nuages.

Les mots invariables peuvent être des adverbes, des conjonctions ou des prépositions.

3 Complète ces phrases avec les mots invariables suivants :

comme – **très** – **aussi** – **lorsque** – **déjà** – **mais**.

J'aime aller à l'hôtel .... je pars en vacances dans des grandes villes .... Paris ou Madrid. J'ai .... visité New York où il y a de .... grands immeubles qu'on appelle des buildings.
J'aime .... aller à la montagne, ... j'ai peur des avalanches.

4 Tous ces mots invariables sont mal orthographiés. Réécris-les correctement.

a. baucou → ....
b. lor de → ....
c. comant → ....
d. otremant → ....
e. lorske → ....
f. jamai → ....

Tu peux t'aider du dictionnaire !

5 Réécris les phrases en remplaçant le mot souligné par un mot invariable de sens contraire.

a. Les enfants dessinent <u>rarement</u> dans le calme.

→ ....

b. Ma sœur se lève <u>tard</u> tous les matins.

→ ....

c. Esther est née <u>avant</u> Alice.

→ ....

L'épithète

GRAMMAIRE

JE RETIENS

Un **adjectif épithète** est un adjectif qualificatif placé à côté d'un nom.
Il fait partie du groupe nominal et s'accorde en genre et en nombre avec le nom.

1 Entoure les six adjectifs épithètes du texte, et souligne les noms qu'ils complètent.

J'aimerais voyager dans un pays lointain, afin de découvrir des cultures différentes et des paysages inattendus. Je pourrais même apprendre une nouvelle langue, afin de pouvoir parler avec les populations locales. Mais ce n'est pour l'instant qu'un doux rêve...

2 Recopie chaque phrase en ajoutant l'adjectif proposé comme épithète du nom. Attention aux accords !

L'adjectif épithète peut être placé avant ou après le nom. Prononce ta phrase à haute voix pour t'aider !

a. joyeux Peux-tu mettre de la musique ?
→ ....

b. grand Plus tard, je voudrais une maison.
→ ....

c. creux Eva a rangé les assiettes dans le placard.
→ ....

d. gros Par ici, il y a des vagues.
→ ....

3 Relie chaque GN avec l'adjectif épithète qui lui correspond, afin que l'accord soit correct.

des tableaux •	• noire •	• des stylos
des idées •	• noirs •	• une chemise
une nuit •	• noir •	• un café
un écran •	• noires •	• des couvertures
des chats •		• des voitures

DÉFI Indique le genre et le nombre des GN.

quelques vieux manteaux : ....

leur parka neuve : ....

Copier des textes

Il y a des règles précises à respecter pour écrire un dialogue : n'oublie ni les guillemets ni les tirets !

1 Observe le modèle et recopie-le. Veille à respecter la ponctuation.

« Arthur, est-ce que tu as fait tes devoirs ?
demande sa maman en entrant dans sa chambre.
– Hum...
– Ce n'est pas une réponse ! Lâche ta console et réponds-moi !
– Non, pas encore. Mais c'est bon, j'ai le temps ! répond
le garçon.
– La priorité, ce sont tes devoirs ! Alors tu arrêtes la console
et tu te mets au travail.
– Je pourrai terminer ma partie après ? demande Arthur.
– Hum... Peut-être.
– Ce n'est pas une réponse, Maman ! proteste Arthur.
– Peut-être... »

Les types et formes de phrases

1 Observe ces phrases, puis coche la bonne case.

phrase	déclarative	interrogative	impérative
Le chat dort sur le canapé.			
Ferme la porte.			
Ce gâteau est délicieux !			
J'aime écouter de la musique classique.			
À quelle heure commence le spectacle ?			
Ne cours pas dans les couloirs.			
Où se trouve la bibliothèque ?			
Parle moins fort !			

Une phrase impérative donne un ordre, un conseil, une recommandation ou exprime une demande.

2 Transforme les phrases suivantes selon le type demandé.

Attention aux sujets inversés ! Si, en général, le sujet se trouve avant le verbe, tu peux parfois le trouver après lui, notamment dans les phrases interrogatives.

a. impérative Pourrais-tu ouvrir la fenêtre ?

→ ....

b. déclarative L'eau de la piscine est-elle chaude ?

→ ....

c. interrogative Les hirondelles reviennent au printemps.

→ ....

3 Transforme les phrases affirmatives en phrase négatives, et les phrases négatives en phrases affirmatives.

a. Tu as beaucoup grandi, tu dépasses ton frère !

→ ....

b. Je te recommande ce film, il y a un acteur connu.

→ ....

c. Nous n'allons jamais en vacances à la montagne car nous n'aimons pas skier.

→ ....

DÉFI

Résous cette énigme, puis entoure la bonne réponse.

Un coq pond un œuf sur un toit qui donne côté nord et côté sud.
De quel côté l'œuf va-t-il tomber ?

Au nord. Au sud. Ni l'un ni l'autre.

Évaluation

Maintenant, place à l'évaluation ! Si certains exercices te paraissent trop difficiles, n'hésite pas à retravailler la leçon correspondante.

1 Dans les phrases suivantes, souligne le sujet, entoure le verbe conjugué et indique son infinitif.

a. Les invités pénètrent dans le château. → ....

b. Les élèves de la classe ont participé à une chorale. → ....

c. Demain, mes amis et moi irons au musée pour la première fois ! → ....

d. La semaine dernière, mes parents avaient voulu me faire une surprise. → ....

2 Souligne le groupe nominal de chaque phrase, puis indique son genre et son nombre.

a. Elle est arrivée sur sa jument blanche. → ....

b. Ce vieil ordinateur ne fonctionne plus ! → ....

c. Il ne parvient pas à attraper les souris malignes. → ....

d. Je ne peux plus utiliser mes vieux rollers cassés. → ....

3 Recopie ces groupes nominaux en les mettant au féminin.

a. Un aviateur prudent → ....

b. Les serveurs polis → ....

c. Ce gentil commerçant → ....

d. Des beaux lions → ....

4 Conjugue les verbes au présent de l'indicatif, à la personne demandée.

a.	Avertir, 1re personne du pluriel	
b.	Pouvoir, 1re personne du singulier	
c.	Venir, 3e personne du pluriel	
d.	Agacer, 1re personne du pluriel	

5 Dans chaque phrase, encadre l'adjectif épithète et souligne le nom qu'il complète.

a. Mon jeune ami est très sympathique.

b. Il m'arrive parfois de faire d'affreux cauchemars.

c. J'ai croisé mes anciens voisins !

d. Joues-tu de la guitare électrique ?

6 Souligne les mots invariables.

Autrefois, dans un lointain royaume, un jeune prince résidait dans un majestueux palais, niché au cœur d'une dense forêt. Particulièrement doué en cuisine, il excellait dans la préparation de pâtisseries. Aucune recette ne lui résistait, ni l'éclair le plus simple ni le somptueux gâteau royal aux trois chocolats. Son activité en cuisine était incessante, s'étendant du matin jusqu'au soir, et parfois même durant la nuit.

1, 2, 3. . . LIS EN UNE MINUTE TRENTE !

Lis d'abord silencieusement deux fois ce texte. Prends ensuite un minuteur et relis-le à voix haute en essayant d'aller le plus loin possible en 1 minute et 30 secondes. Tu as trois essais. (Aide-toi du nombre de mots à la fin de chaque ligne pour écrire ton résultat dans les chronomètres.)

La tour Eiffel, majestueuse et emblématique, trône au cœur de Paris comme une 13
géante de fer. Construite en 1889 par Gustave Eiffel pour l'Exposition universelle, 26
elle fut initialement critiquée avant de devenir l'un des symboles les plus célèbres 40
au monde. Haute de 324 mètres, l'équivalent de 81 étages, la tour offre une vue 56
panoramique incroyable sur la Ville Lumière. C'est un endroit magique où l'on peut 71
voir toute la ville de Paris depuis les plateformes d'observation. Chaque année, 84
des millions de visiteurs du monde entier montent les escaliers ou prennent l'ascenseur 98
pour admirer la vue à couper le souffle. 106

Essai 1 Essai 2 Essai 3

C'est en pratiquant la lecture régulièrement que tu t'amélioreras !

Le pluriel du groupe nominal

JE RETIENS

Les noms et les adjectifs peuvent être mis au **pluriel**.
Souvent, on ajoute un ***s***, mais d'autres règles existent.
Exemples : une jolie maison → **des** jolie**s** maison**s** ; un cheval heureux → **des** chev**aux** heureux ; un beau chou → **des** beau**x** chou**x** ; un cas spécial → **des** cas spéci**aux**

1 Recopie chaque GN en le mettant au pluriel.

a. Une vitre cassée → ....

b. Un nouveau portail → ....

c. Un nez normal → ....

d. Un bal joyeux → ....

e. Une bataille navale → ....

f. Le corail rouge → ....

2 Écris ces phrases en mettant tous les GN au pluriel.

a. Mon petit frère a le genou écorché. → ....

b. Ce garçon heureux grimpe sur ce beau bateau. → ....

c. Le feu tricolore reste sur la couleur verte. → ....

Presque tous les mots doivent être modifiés !

3 Complète cette grille de mots croisés en écrivant le pluriel de chaque mot proposé.

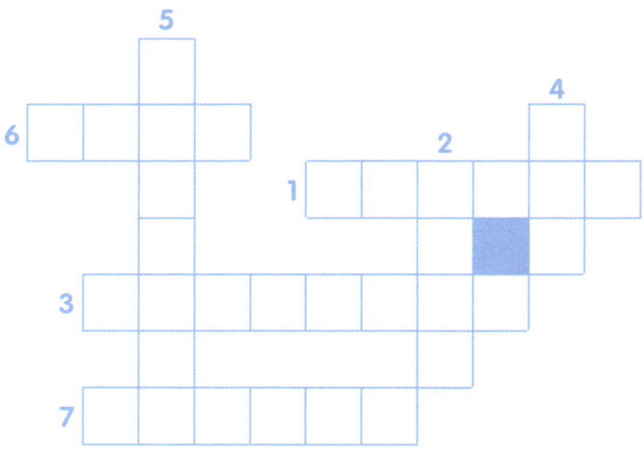

1. loyal
2. œil
3. caillou
4. bus
5. vitrail
6. prix
7. exact

Le champ lexical

JE RETIENS

Un **champ lexical** est un ensemble de mots qui se rapportent à un même thème ou à une même idée.

Il peut s'agir de **synonymes** ou de mots de la **même famille**.

Ils peuvent être de **différentes natures** : noms propres, noms communs, verbes, adjectifs, etc.

Exemple du champ lexical de l'école : maîtresse, récréation, écolier, devoirs, étudier, apprendre, scolaire, collège, lycée, etc.

1 Indique à quel champ lexical appartiennent les mots de chaque liste.

a. coupe – athlète – badminton – entraînement – Jeux olympiques – gymnase → ……………………

b. violoncelle – opéra – symphonie – harpe – jazz – mélodie → ……………………

c. tournage – Hollywood – caméra – réalisateur – cascadeur – projection → ……………………

d. hêtre – clairière – Amazonie – sentier – bûcheron – pin → ……………………

2 Indique le champ lexical de chaque liste et barre l'intrus.

a. boulevard – châtaigne – métropole – carrefour – ruelle → ……………………

b. rural – agriculture – moisson – labourer – cime → ……………………

c. mijoter – pétrir – stratégie – ustensile – assaisonnement → ……………………

d. échafaudage – cheville – mollet – coccyx – cervicale → ……………………

Un même mot peut appartenir à plusieurs champs lexicaux. Par exemple, « skier » appartient au champ lexical de la montagne ou du sport.

3 Complète ces champs lexicaux.

a. Espagne – France – Maroc – …………………… – …………………… – ……………………

b. peur – espoir – joie – …………………… – …………………… – ……………………

c. train – avion – bus – …………………… – …………………… – ……………………

d. marelle – chat-perché – billes – …………………… – …………………… – ……………………

Commence par chercher le champ lexical auquel se rapporte chaque liste de mots.

DÉFI

Un de ces mots n'appartient pas au champ lexical des oiseaux. Entoure-le.

goéland   perdrix   faucon   coléoptère

L'imparfait de l'indicatif

JE RETIENS

L'**imparfait** de l'indicatif est un **temps du passé**, généralement employé pour évoquer des actions longues ou habituelles.
Les terminaisons de l'imparfait sont toujours les mêmes : **ais** / **ais** / **ait** / **ions** / **iez** / **aient**.

1 Relève les six verbes du texte conjugués à l'imparfait, puis indique leur infinitif et la personne à laquelle ils sont conjugués.

Tous les ans, nous allions au bord de la mer. Mon père conduisait, tandis que ma mère essayait de nous calmer. J'adorais embêter mon grand frère, qui n'était généralement pas très patient. Cela finissait inévitablement en dispute.

a. .... **b.** ....

c. .... **d.** ....

e. .... **f.** ....

2 Conjugue les verbes à l'imparfait de l'indicatif, à la personne demandée.

a.	Rougir, 2e personne du singulier	
b.	Boire, 2e personne du pluriel	
c.	Manger, 1re personne du singulier	
d.	Placer, 3e personne du pluriel	

Tu peux t'aider du mémo de la page 54.

3 Réécris chaque phrase en conjuguant les verbes à l'imparfait de l'indicatif.

a. Mes parents descendent de voiture et sonnent à la porte.

→ ....

b. Tu ranges ta chambre et tu remplaces le sac poubelle.

→ ....

c. Elle appelle Martin, puis elle vient nous voir.

→ ....

L'adverbe

JE RETIENS

Les **adverbes** sont des mots **invariables** qui permettent de compléter ou modifier le sens d'un verbe, d'un adjectif, d'un autre adverbe ou d'une phrase entière.

Ils peuvent exprimer :

- la **manière** : lentement, bien, mal, ainsi, etc.
- le **lieu** : ici, là, ailleurs, quelque part, partout, etc.
- le **temps** : maintenant, hier, souvent, toujours, etc.
- la **quantité** : très, assez, trop, peu, extrêmement, etc.

La plupart des adverbes sont composés à partir d'un **adjectif** : rapide → rapidement.

1 Réécris les phrases en les enrichissant avec deux adverbes.

a. Le bébé dormait dans son berceau.

→ ....

b. Le train siffle en approchant de la gare.

→ ....

c. Je me suis levé pour aller à l'école.

→ ....

2 Transforme ces phrases comme dans l'exemple suivant :
Elle a fait un travail sérieux. → Elle a travaillé sérieusement.

a. Elle a lu ces quelques lignes avec attention.

→ ....

b. Elle a fait une danse gracieuse sur scène.

→ ....

c. Les élèves font du bruit en sortant de cours.

→ ....

3 Souligne en rouge les adverbes de manière, en bleu les adverbes de lieu, en vert les adverbes de temps et en noir les adverbes de quantité.

a. Le chat observait attentivement les oiseaux qui voletaient dans le jardin.

b. Nous irons visiter demain le musée d'histoire naturelle.

c. Elle a mis trop de sucre dans son gâteau.

d. La télécommande est tombée derrière le canapé.

DÉFI

Forme des adverbes à partir des adjectifs suivants.

fou → .... évident → ....

La plupart du temps, il suffit d'ajouter le préfixe -ment à la forme féminine des adjectifs. Mais attention, il existe des exceptions !

Production d'écrit

❶ Comment s'enfuir ? Explique le plan qui te permettrait de t'évader de ces cachots.

Une fois que tu as écrit ton texte, relis-le pour vérifier que tu n'as pas fait de fautes ou oublié des signes de ponctuation !

❷ Où mène ce portail ? Imagine ce qu'il se passerait si tu le traversais.

Le complément du nom

JE RETIENS

Le **complément du nom** est placé directement à côté du nom qu'il complète.
Il est constitué d'une **préposition** (à, de, sur, pour, par, sans, etc.) et d'**un mot ou groupe de mots** (GN, nom, verbe à l'infinitif, adverbe).
Il n'y a pas d'accord entre le nom et le complément du nom.
Exemples : une table **en bois** / des fers **à repasser** / des voitures **de course**.

1 Dans le texte suivant, retrouve les six compléments du nom, puis souligne-les et entoure les prépositions.

Le vieil homme prit son chariot à roulettes et entreprit de sortir de chez lui. Il commença par chercher les clés de la maison, qu'il trouva sous le fauteuil du salon. Il enfila son blouson sans manches, son bonnet en laine. Il franchit enfin la porte, la ferma et descendit les trois marches de l'escalier.

2 Complète les groupes nominaux suivants en ajoutant une préposition avant le complément du nom.

a. Un verre .... jus d'orange

b. Une chambre .... vue sur la mer

c. De la mousse .... chocolat

d. Une sacoche .... cuir

3 Relie chaque GN avec le complément du nom qui convient.

un vélo •	• sur l'océan
un chien •	• en coton
un documentaire •	• de course
un tee-shirt •	• de chasse

Attention, les groupes nominaux que tu assembles doivent avoir un sens !

4 Remplace l'adjectif souligné par un complément du nom de même sens.

a. J'ai fait un dessin coloré. → J'ai fait un dessin ....

b. Il adore les boissons fruitées. → Il adore les boissons ....

c. Veux-tu manger une tarte chocolatée ? → Veux-tu manger une tarte .... ?

DÉFI

Coche les mots qui sont des prépositions.

○ parce que ○ pour ○ avec ○ celle

Les homophones (1)

JE RETIENS

– **on** : pronom personnel.
Astuce : tu peux le remplacer par « il ».

ont : verbe *avoir* au présent.
Astuce : tu peux le remplacer par « avaient ».

– **a** : verbe *avoir* au présent.
Astuce : tu peux le remplacer par « avait ».

à : préposition.

– **son** : déterminant possessif.
Astuce : tu peux le remplacer par « mon ».

sont : verbe *être* au présent.
Astuce : tu peux le remplacer par « étaient ».

1 Recopie les phrases en conjuguant les verbes à l'imparfait de l'indicatif.

a. Les lapins ont froid : ils sont à l'extérieur.

→ ……………………………………………………………………

b. Dans le terrier, la famille a maintenant bien chaud, les animaux sont apaisés.

→ ……………………………………………………………………

2 Complète les phrases avec ***on*** ou ***ont***.

Mes amis …………… préparé une surprise pour mon anniversaire ! …………… a d'abord joué dehors, puis …………… a mangé le gâteau qu'ils …………… apporté. Quand mes parents …………… vu qu'il était 17 heures, …………… a commencé à tout ranger.

Pour savoir si tu dois écrire on, tu peux aussi passer ta phrase à la première personne du pluriel.

3 Complète les phrases avec ***a*** ou ***à***.

Pendant la récréation, Léo …………… fait de la corde …………… sauter, mais il …………… trébuché et s'est fait mal …………… la cheville. Il …………… bien retenu la leçon : …………… l'avenir, il choisira un jeu moins risqué !

4 Complète les phrases avec ***son*** ou ***sont***.

Maurice est parti en voyage avec …………… chien. Il s'est d'abord rendu dans les Alpes, pour aller voir …………… ami d'enfance. Ensemble, ils se …………… beaucoup promenés en se racontant de vieilles histoires. Ils se …………… promis de se revoir bientôt. Maurice a ensuite continué …………… chemin, en direction de l'Espagne, …………… pays natal.

Préfixes et suffixes

1 Entoure en **vert** les mots qui ont un préfixe et en **bleu** ceux qui ont un suffixe, puis souligne leur radical.

endormi   maladif   prévoir   infini   généreuse   animalier   revivre   naturelle

2 Complète ces groupes nominaux en formant des adjectifs à l'aide des suffixes ***-al***, ***-ais***, ***-if***, ***-eux***.

a. un homme **(chance)** ....
b. un village **(France)** ....
c. un journaliste **(sport)** ....
d. un temps **(hiver)** ....
e. un spectacle **(musique)** ....
f. un comportement **(agression)** ....

3 Classe les mots suivants dans le tableau selon le sens de leur préfixe :

polygone – **archéologie** – **hyperactif** – **supersonique** – **multitâche** – **paléographie**.

plusieurs	au-dessus de la normale	ancien
....	....	....
....	....	....

Tu peux t'aider du dictionnaire !

4 Remplace chaque expression par un verbe composé d'un préfixe.

Par exemple, on peut remplacer l'expression « rendre plus laid » par « enlaidir ».

a. Rendre plus clair → ....
b. Rendre plus riche → ....
c. Rendre plus joli → ....
d. Enlever la racine → ....
e. Enlever du maquillage → ....
f. Enlever des chaussures → ....

DÉFI

L'un de ces mots n'a pas de suffixe. Entoure-le.

coiffeur   fleur   senteur   professeur

Le futur simple

JE RETIENS

Le **futur simple de l'indicatif** est employé pour évoquer une action (ou un état) qui aura lieu dans le futur.
Les terminaisons du futur simple sont toujours les mêmes : **rai / ras / ra / rons / rez / ront**.

1 Souligne les six verbes du texte conjugués au futur simple de l'indicatif, puis indique leur infinitif.

Au mois de mars, nous partirons en classe verte. Nous nous rendrons dans les Alpes, pour découvrir la forêt. Un guide nous présentera les différents végétaux, et nous fera goûter quelques fleurs comestibles. Le maître nous a donné des détails sur le dortoir. Les chambres auront chacune six lits, et nous pourrons choisir nos camarades de chambrée.

a. .... **b.** ....

c. .... **d.** ....

e. .... **f.** ....

2 Conjugue les verbes au futur simple de l'indicatif.

	jeter	être	vouloir	rougir
je				
tu				
il/elle/on				
nous				
vous				
ils/elles				

Pour conjuguer un verbe au futur, il suffit la plupart du temps d'ajouter les terminaisons ci-dessus à son infinitif. Mais il y a des exceptions ! Tu peux t'aider du mémo de la ***page 55****.*

3 Complète les phrases en conjuguant les verbes au futur simple de l'indicatif.

a. Il **(appeler)** .... Hervé, car nous allons à la piscine.

b. Je **(boire)** .... un grand verre quand je **(être)** .... assoiffé.

c. Je **(balayer)** .... la chambre et toi, tu **(faire)** .... la poussière.

Comprendre le sens d'un mot grâce au contexte

1 Mamie Josette adore utiliser des expressions aussi vieilles qu'elle. Sauras-tu les comprendre grâce au contexte ? Choisis la bonne définition parmi celles qui sont proposées !

a. Ton grand-père n'aime pas faire de cadeaux, il a toujours été un peu grippe-sou.

- ☐ dépensier
- ☐ avare

b. Robert fête ses 92 ans. Il est le frère puîné de Jeannot qui a eu 95 ans le mois dernier.

- ☐ aîné (né avant)
- ☐ cadet (né après)

c. Mon voisin a me jouer les fiers-à-bras, mais il a été le premier à fuir lorsqu'il y a eu le feu dans le jardin.

- ☐ faire le brave
- ☐ faire peur

d. Je te colle mon billet que Colette ne viendra pas. Elle est trop peureuse.

- ☐ promets
- ☐ parie

2 Écris un synonyme pour chaque mot souligné.

Ici, nul besoin de dictionnaire ! Le contexte peut t'aider à comprendre le sens des mots les plus complexes.

a. J'ai oublié d'acheter un baril de lessive lorsque j'ai fait les courses.

→ ....

b. Louna, cachée derrière la porte, épie son frère. Puis elle va raconter à sa maman ce qu'elle a vu.

→ ....

c. La barque est percée, elle prend l'eau. Si on n'écope pas, on va couler !

→ ....

d. Il a bondi devant moi, déguisé en vampire. J'étais paralysé d'effroi.

→ ....

e. J'ai fait croire à Léo que j'avais traversé la Manche à la nage. Il est tellement crédule.

→ ....

3 Lis ce texte, puis donne la définition du mot en gras en t'aidant du contexte.

Alexandre, marin aguerri, prit la mer à bord de son vieux voilier, baptisé *L'Étoile du Matin*. Il fendait les vagues, s'arrêtait dans chaque port, se repérait grâce aux étoiles. Son **périple** était semé d'embûches : tempêtes furieuses, pirates sans pitié, et de longues journées sans vent. Mais Alexandre persistait, car au bout de ce voyage se cachait la légendaire île aux trésors.

→ ....

DÉFI

Résous cette énigme.

Chloé et Kelian sont dans la rue. L'un regarde vers le nord et l'autre vers le sud ; pourtant, ils arrivent à se voir. Pourquoi ?

→ ....

Évaluation

1 Réécris ces phrases en mettant les groupes nominaux au pluriel.

Pense à effectuer toutes les transformations nécessaires (sans oublier les verbes !).

a. Mon nouveau copain habite une grande maison.

....

b. Regarde ce caillou rare : il était près du vieux château.

....

c. J'ai le genou douloureux, je vais me reposer sur ce fauteuil confortable.

....

d. Le courageux dresseur s'approche de cet animal spécial.

....

2 Conjugue les verbes à l'imparfait de l'indicatif, avec les sujets proposés.

a. grandir → vous ....

b. être → Lucas ....

c. boire → je ....

d. manger → Lou et Samira ....

e. avoir → nous ....

f. glacer → tu ....

3 Complète chaque phrase avec l'un des homophones proposés.

a. on/ont — Mes parents .... reçu le colis qu'...................... leur a envoyé.

b. a/à — Il y .... longtemps qu'il n'est pas allé .... la piscine.

c. son/sont — Marc et .... petit frère .... sortis pour jouer dans la neige.

4 Conjugue les verbes au futur simple de l'indicatif, à la personne demandée.

a.	Gravir, 2e personne du pluriel	
b.	Être, 1re personne du singulier	
c.	Pouvoir, 1re personne du pluriel	
d.	Tenir, 3e personne du singulier	

5 Dans chaque phrase, souligne le complément du nom et entoure la préposition.

a. Nous dînerons dans la salle à manger.

b. Ils vont participer à une course de chevaux.

c. Veux-tu bien mettre la nappe en coton ?

d. J'ai préparé une tarte aux abricots.

6 Barre l'intrus dans les champs lexicaux suivants.

a. bibliothèque – livre – musique – silence – travail.

b. pomme – orange – fraise – endive – melon.

c. scooter – trottinette électrique – moto – mobylette – voiture.

d. chaleur – jungle – cactus – désert – scorpion.

1, 2, 3. . . LIS EN UNE MINUTE TRENTE !

Dans la petite bourgade de Lumière-aux-Livres vivait un homme nommé Théophile, 13
gardien d'une bibliothèque dont les étagères se courbaient sous le poids de vieux 27
grimoires et de manuscrits poussiéreux qu'il conservait précieusement. Un jour, un livre 40
aux pages dorées attira son attention. Il s'intitulait *Le Sortilège des Pages-Passages*. 54
Théophile le dévora, comprenant qu'il contenait des incantations pour réveiller 65
les personnages des livres. Intrigué, il prononça les mots magiques. Soudain, les héros 78
sortirent des pages, dansant entre les rayonnages. Peter Pan sautillait avec la fée 91
Clochette, Arthur croisait l'épée avec ses chevaliers de la Table ronde et Alice buvait 106
un thé avec le lièvre de Mars. Théophile passa la journée en compagnie 119
de ces personnages de papier, jusqu'au coucher du soleil où ils s'évanouirent. 133
La bibliothèque retomba alors dans le silence. Théophile garda longtemps le secret 145
sur cette incroyable journée. Les jours où la bibliothèque était déserte, il prononçait 158
la formule afin de retrouver ses nouveaux amis. À sa mort, il confia le grimoire 173
à sa fille, qui put à son tour donner vie à ses héros favoris. 187

Essai 1

Essai 2

Essai 3

Entraîne-toi à lire ce texte d'abord dans ta tête, puis à voix haute.

Participe passé, infinitif ou imparfait ?

JE RETIENS

Pour les verbes du premier groupe, il ne faut pas confondre **le participe passé** du verbe en **é**, **l'infinitif** du verbe en **er** et **l'imparfait** du verbe en **ait**.

Exemple : Il souhaitait manger le gâteau que tu as acheté.

Astuce : tu peux essayer de remplacer le verbe par mordre.

→ Si tu obtiens **mordu**, écris **é** ;

→ si tu obtiens **mordre**, écris **er** ;

→ si tu obtiens **mordait**, écris **ait**.

1 Réécris les phrases suivantes en remplaçant le verbe souligné par le verbe **mordre**.

a. Le feu crépitait, mais nous n'arrivions pas à nous réchauffer.

→ ....

b. Pendant qu'il débarrassait la table, Léon a rangé la cuisine.

→ ....

c. Tu vas adorer le plat que j'ai préparé.

→ ....

L'astuce fonctionne également en utilisant certains autres verbes du 3ᵉ groupe, comme pendre ou vendre. À toi de choisir celui que tu préfères !

2 Complète les verbes avec ***é***, ***er*** ou ***ait***.

La boulangère arriv............ à peine quand un vieil homme a pénétr............ dans la boutique. Il lui a ordonn............ de se dépêch............ de le servir. La commerçante commenç............ à perdre patience. Quand le client a insist............, la dame lui a expliqu............ qu'il se montr............ très impoli. L'homme lui a alors demand............ de bien vouloir l'excus............, puis il a attendu gentiment sa commande.

3 Trois erreurs se sont glissées dans ce paragraphe. Entoure-les et écris les mots correctement en dessous

Quand le passager est entré dans le bus, le chauffeur a commencer par lui demandé son ticket. Celui-ci l'a ignorer. Le conducteur a alors répété la même chose, avant de comprendre que le vieil homme était complètement sourd !

a. .... **b.** .... **c.** ....

Pense à bien tester les trois formes de remplacement à chaque fois !

Le complément d'objet

JE RETIENS

Le **complément d'objet** donne des renseignements sur l'action exprimée par le verbe.

• Le **complément d'objet direct** répond aux questions **Quoi ? Qui ?**

Exemple : Je mange **des haricots verts**.
quoi ?

• Le **complément d'objet indirect** répond aux questions **À quoi ? À qui ? De quoi ? De qui ?**

Exemple : Il a téléphoné **à sa tante**.
à qui ?

1 Coche les phrases qui ont un complément d'objet, et souligne-le.

- ◯ Le fermier a vendu tous ses œufs.
- ◯ Les poules sont dans le jardin.
- ◯ Dans le pré, les chevaux broutent tranquillement.
- ◯ Je pense parfois à l'avenir.

2 Indique si les compléments soulignés sont des COD ou des COI.

a. Les enfants jouent aux loups. → ....

b. Nous l'avons retrouvé ici. → ....

c. Si tu veux grandir, mange ta soupe ! → ....

d. Oui, je m'en souviens maintenant ! → ....

Pour trouver la réponse, il faut que tu te poses la bonne question !

3 Souligne les six compléments d'objet du texte, et indique en dessous s'il s'agit de COD ou de COI.

Devant le portail, j'aperçus le directeur. Il me regarda rapidement puis appela une enseignante. La maîtresse s'adressa à moi avec beaucoup de douceur et demanda mon nom. Les présentations faites, elle sonna la cloche de fermeture du portail.

a. .... b. ....

c. .... d. ....

e. .... f. ....

DÉFI

Indique si on peut trouver un COD après ces verbes (écris **oui** ou **non**).

secouer : .... grandir : ....

aller : .... mettre : ....

Le complément circonstanciel

JE RETIENS

Le **complément circonstanciel** donne des renseignements sur les circonstances dans lesquelles a lieu ce qui est raconté dans la phrase.

- Le **complément circonstanciel de temps (CCT)** répond à la question **Quand ?**

Exemple : Le mardi, je vais à la piscine. (**Quand ?**)

- Le **complément circonstanciel de lieu (CCL)** répond à la question **Où ?**

Exemple : Nous avons vu un hérisson dans le jardin. (**Où ?**)

- Le **complément circonstanciel de cause (CCC)** répond à la question **Pourquoi ?**

Exemple : Jean a été puni à cause de sa sœur. (**Pourquoi ?**)

1 Souligne les compléments circonstanciels, et barre les phrases qui n'en ont pas.

a. Le chien court dans le jardin.

b. Monique a appelé sa voisine.

c. Nous avons mangé de délicieuses frites.

d. De temps en temps, il faut tailler les arbres.

La plupart du temps, les compléments circonstanciels peuvent être supprimés ou déplacés dans la phrase.

2 Relie chaque complément circonstanciel souligné à sa catégorie.

À cause de toi, je n'ai plus faim. •
Dans deux minutes, nous jouerons aux cartes. •
J'ai posé les clés sur la table. •
Il s'est montré courageux en me défendant. •

• CCT
• CCL
• CCC

3 Souligne les six compléments circonstanciels du texte, et indique en dessous s'il s'agit de CCT, CCL ou CCC.

Le mercredi, je vais jouer au foot. Nous marchons jusqu'au stade et nous faisons un match. La semaine dernière, mon petit frère a beaucoup pleuré parce qu'il n'a pas marqué. Aujourd'hui, nous le laisserons inscrire un but : il hurlera de joie !

a. ....
b. ....
c. ....
d. ....
e. ....
f. ....

Homonymes, antonymes et synonymes

JE RETIENS

Les **homonymes** sont des mots qui se prononcent de la même manière mais qui ont des sens et parfois des orthographes différents. Il faut faire attention au contexte dans lequel ils sont utilisés afin de les écrire correctement.

Les **synonymes** sont des mots dont les sens sont très proches. Ils permettent d'enrichir le vocabulaire, d'apporter des nuances ou d'éviter les répétitions dans un texte.

Les **antonymes** sont des mots dont les sens sont opposés. Ils peuvent clarifier ou renforcer le sens d'un mot, en fournissant un contraste.

1 Lis attentivement chaque phrase, puis réécris-la en choisissant le bon homonyme.

a. Cette visite me donne chaud, je voudrais un **ver/vers/verre** d'eau.

→ ....

b. Je rapporterai un béret **ver/vert/verre** à Maman en souvenir de Paris.

→ ....

c. Je prendrai du **lait/laid** au petit déjeuner.

→ ....

d. Ce tableau est vraiment **lait/laid** !

→ ....

Certains homonymes ont beaucoup de sens différents : Le ver vert va vers le verre.

2 Barre l'intrus dans chacune des listes de mots suivantes.

a. calme – serein – énervé – tranquille – posé.

b. minuscule – grand – immense – gigantesque – énorme.

c. gentil – aimable – bon – serviable – désagréable.

d. occupé – débordé – surchargé – désœuvré – accaparé.

Chaque ligne présente une liste de synonymes dans laquelle se cache un antonyme.

3 Écris l'antonyme du mot souligné.

a. Le ciel est très <u>sombre</u> aujourd'hui. → ....

b. Au carrefour, il faudra tourner à <u>droite</u>. → ....

c. Adélaïde <u>refuse</u> de regarder ce film. → ....

d. Quelques heures <u>avant</u>, Paul est allé chercher le pain. → ....

DÉFI

Entoure le synonyme du mot *dur*.

conciliant intransigeant accommodant laxiste

Les homophones (2)

JE RETIENS

– **et** : conjonction de coordination.
Astuce : tu peux la remplacer par « et puis ».

est : verbe *être* au présent.
Astuce : tu peux le remplacer par « était ».

– **se** : pronom personnel.
Astuce : tu le trouveras devant un verbe.

ce : déterminant démonstratif.
Astuce : tu peux le remplacer par « le ».

– **c'est** : ce + verbe *être* au présent.
Astuce : tu le trouveras devant un GN.

s'est : se + verbe *être* au présent.
Astuce : tu le trouveras devant un participe passé.

1 Complète les phrases avec ***et*** ou ***est***.

Il .... bientôt l'heure .... nous ne sommes pas prêts ! Maman .... très en colère, ... Papa, n'en parlons pas ! Heureusement, il n'............ pas trop tard, à condition que nous soyons rapides .... efficaces.

2 Complète les phrases avec ***se*** ou ***ce***.

.... matin, j'ai aperçu le voisin qui partait .... promener avec son chien par .... chemin. C'est étrange car d'habitude, il .... contente de faire le tour du quartier en traversant .... grand boulevard. J'ai très envie de les suivre pour voir où ils .... sont rendus !

3 Quatre erreurs se sont glissées dans le paragraphe. Entoure-les, puis écris les mots correctement en dessous.

Les ouvriers se sont levés tôt se matin. Ils ce sont rendus sur un chantier extraordinaire, et c'est avec beaucoup d'attention qu'ils écoutent les explications. Le bâtiment qu'ils doivent rénover et gigantesque et très fragile. Il c'est presque effondré et menace de tomber à tout instant.

a. .... **b.** ....

c. .... **d.** ....

Les astuces que tu as apprises fonctionnent aussi lorsque tes phrases sont à l'imparfait : c'était peut être remplacé par cela était, et s'était par m'étais.

Lire avec fluidité

1 Lis ce texte à haute voix en faisant les liaisons indiquées.

Aujourd'hui, c'est une journée pas comme les autres. En allant à l'école, Nassim a secouru un chat coincé dans un arbre. Le pauvre animal était terrorisé. Chloé, qui passait par là, a tout vu et l'a raconté à toute la classe. Lorsqu'il est arrivé en retard, Nassim a été applaudi par ses camarades, mais aussi par la maîtresse. Aujourd'hui, Nassim est un héros aux yeux de tous.

Lorsqu'un mot se termine par une consonne muette et que le suivant commence par une voyelle ou un h muet, on fait une liaison à l'oral qui unit les deux mots séparés à l'écrit.

2 Lis ces virelangues silencieusement plusieurs fois. Puis essaie de les relire le plus vite possible sans te tromper.

a. Trois tortues trottaient sur un trottoir très étroit.
b. As-tu vu le tutu en tulle de Lili d'Honolulu ?
c. Un chasseur sachant chasser sans son chien de chasse est un excellent chasseur.
d. Natacha n'attacha pas son chat Pacha qui s'échappa.
e. Trois gros rats gris, dans trois gros trous très creux, regardaient trois gros tigres accroupis sur trois blocs rocailleux.

Un virelangue est une phrase, une formule ou un petit poème inventé pour faire « fourcher la langue ». C'est un excellent exercice pour apprendre à bien articuler.

3 Tom a glissé des mots inutiles dans chaque phrase de ce texte. Après avoir lu chacune d'elles silencieusement, relis-les à voix haute en supprimant le mot intrus.

a. Maman prépare dîne le repas tous les soirs.
b. Elle adore cuisiner des fruits légumes.
c. Mais nous, on est déteste ça !
d. Alors tous les matins soirs, c'est la même histoire.
e. Maman râle et nous vous boudons.
f. Aujourd'hui, elle nous a proposé un des arrangement.
g. On accepte de manger bouger des légumes au moins trois fois par semaine.
h. Et tous les demains vendredis, c'est pizza.
i. Bien sûr, on a pris dit « OUI » !

DÉFI

Les lettres se sont mélangées ! Arriveras-tu tout de même à lire cette phrase ?

Cet hvier, je sius aellé ne vcaecnas cehz Ppay et Maime.
Le pmereir juor, mes frreès ont lcané une btaillae de belous de ngeie, pius nuos smoems rrtenés meganr des chmlawalos géillrs !

Production d'écrit

Écris un court texte pour chaque proposition.

❶ Que ferais-tu si tu étais en vacances durant une année entière ?

❷ Un matin, tu te réveilles transformé(e) en ton animal préféré. Raconte ta journée.

Le passé composé

JE RETIENS

Le **passé composé** est un temps du passé.
Il est composé de l'auxiliaire (être ou avoir) au présent, et du participe passé du verbe.
Exemples : il a conduit / je suis venu.

1 Dans le texte suivant, souligne les six verbes conjugués au passé composé.

Hier, nous avons fait les magasins. Il y avait beaucoup de monde ! Ma grande sœur a choisi une tenue complète pour la rentrée des classes. Mon père est arrivé un peu plus tard, il nous a rejoints devant le magasin de fournitures scolaires. J'ai supplié mes parents de m'acheter un nouveau sac à dos pour mon année de CM2 ! Ils ont fini par céder : j'étais vraiment ravi !

2 Conjugue les verbes suivants au passé composé, avec le sujet proposé.

a. marcher → nous ....
b. rougir → tu ....
c. vendre → Lisa ....
d. pouvoir → vous ....
e. partir → je ....
f. mettre → Arnaud et Philippe ....

Tu peux t'aider du mémo de la ***page 56.***

3 Complète cette grille de mots croisés en écrivant le participe passé des verbes proposés.

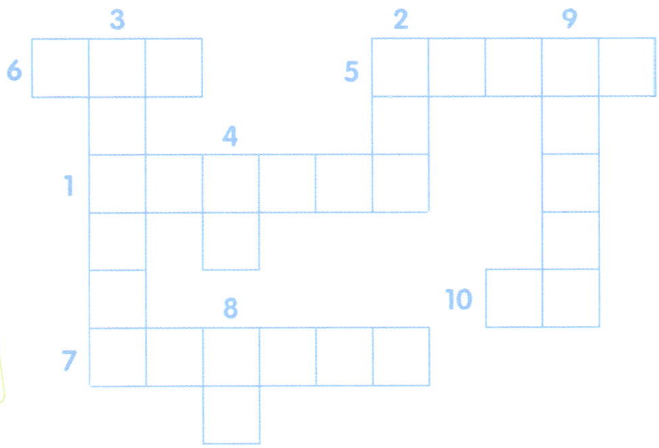

1. oublier.
2. être.
3. grossir.
4. boire.
5. élever.
6. agir.
7. inviter.
8. voir.
9. vouloir.
10. avoir.

DÉFI

Indique si les verbes proposés se conjuguent avec l'auxiliaire être ou avoir.

venir : ....
ressembler : ....
croire : ....
aller : ....

Copier des textes

1 Observe le modèle et recopie-le. Veille à respecter la présentation.

Afin d'écrire droit, tu peux tracer à l'aide de ta règle des lignes d'écriture au crayon à papier.

Un an de plus !

Invitation de la part de : Matilda

Pour mes 11 ans, je t'invite le 19 mai
de 14 h jusqu'à 18 h à l'adresse :

2, rue du Parc
27220 Giverny

Ta présence me ferait très plaisir !
Tu peux me confirmer ta venue par mail :
matilda.anniversaire@gmail.com

A bientôt.

Les mots d'origine étrangère

1 Place les noms suivants en face de leur définition :

babouches – **anorak** – **bonzaï** – **couscous**.

a. Plat traditionnel d'Afrique du Nord, du berbère *kuskus* → ....

b. Vêtement d'extérieur, de l'inuit *anoré* (vent) → ....

c. Chaussures orientales, du turc *papuş* (chaussure) → ....

d. Arbuste cultivé en pot, du japonais *bon* (pot) et *sai* (arbre) → ....

De nombreux plats, vêtements, notions scientifiques, etc. nous viennent d'autres pays. Leur nom français y puise son étymologie.

2 Relie chaque mot à la langue à laquelle il a été emprunté.

pizza •	
mikado •	• anglais
star •	• italien
bravo •	• espagnol
chorizo •	• japonais
accordéon •	• allemand

3 Souligne les mots d'origine anglaise.

Dans le stade de football, la tension est à son comble. Au bord du terrain, le coach encourage ses joueurs à saisir chaque opportunité. Les supporters rugissent d'excitation à chaque corner et retiennent leur souffle à l'approche d'un penalty. Devant les cages, le goal se tient prêt à arrêter chaque ballon.

4 Remets les lettres dans l'ordre et trouve le mot d'origine étrangère qui correspond à chaque définition.

a. e o j i m Pictogramme ou symbole utilisé pour représenter une émotion. → ....

b. a l a p ë l Plat traditionnel espagnol à base de riz, de légumes, de viande et de fruits de mer. → ....

c. b g e c r i e Grande masse de glace flottante. → ....

d. o e c n t f i t Petit rond de papier coloré jeté en l'air les jours de fête. → ....

DÉFI

Résous cette énigme.

Le papa de Lola est espagnol. Son beau-père est anglais. Sa belle-sœur est italienne, et sa sœur est mariée à un Belge. Et elle, de quelle origine est-elle ?

→ ....

Évaluation

1 Souligne le complément d'objet de chaque phrase et indique s'il s'agit d'un COD ou d'un COI.

a. Vous avez changé de vêtements. → ....

b. Demain, nous achèterons des légumes. → ....

c. Tu m'as parlé ? → ....

d. Le chat regarde attentivement l'écureuil. → ....

Si l'un des exercices te paraît trop difficile, n'hésite pas à relire la leçon associée.

2 Complète les verbes avec ***é***, ***er*** ou ***ait***.

Quand j'ai allum........... la télévision, le peloton roul........... à vive allure. J'ai augment........... le volume, puis je me suis install........... dans le fauteuil. Les cyclistes venaient d'entr........... dans le petit village à côté du nôtre. Dans la rue, le bruit mont........... depuis le début de la journée, et quand les sportifs allaient arriv..........., ce serait encore pire ! Plus que quelques kilomètres, et la fête pourrait enfin commenc........... .

3 Conjugue les verbes au passé composé, à la personne demandée.

a.	Grandir, 1re personne du pluriel	
b.	Partir, 2e personne du singulier	
c.	Fabriquer, 3e personne du pluriel	
d.	Être, 1re personne du singulier	

4 Souligne le complément circonstanciel de chaque phrase et indique s'il s'agit d'un CCT, d'un CCL ou d'un CCC.

a. Nous l'avons croisé à la plage de Saint-Jean. → ....

b. Parfois, je m'assois et je réfléchis. → ....

c. À cause de ce mauvais temps, tu ne peux pas sortir. → ....

d. Elles rentreront sans doute demain. → ....

5 Complète chaque phrase avec les homophones proposés.

a. et/est Mon frère .... malade .... ne peut pas nous accompagner.

b. se/ce Ils .... sont trompés de route : ils sont partis dans .... sens.

c. c'est/s'est Léa .... réveillée en retard, ... pour cela qu'elle n'est pas prête.

6 Colorie de la même couleur les paires de synonymes.

piscine | scintillant | flexible | bassin | effroi

souple | ingénieux | astucieux | étincelant | terreur

Tu peux regarder les définitions dans le dictionnaire.

1, 2, 3... LIS EN UNE MINUTE TRENTE !

Dans les cieux, le même ballet aérien se déroule chaque année : la migration 13
des oiseaux. Guidés par un instinct millénaire, ceux-ci quittent leurs terres natales 26
à l'approche de l'automne pour rejoindre des contrées plus clémentes, 38
où la nourriture abonde. Ces nuées d'oiseaux parcourent des milliers de kilomètres 51
à travers continents et océans, bravant les éléments pour atteindre leur destination. 63
Ils constituent des formations en V, se relayant à la tête pour économiser leur énergie 78
et se protéger des prédateurs. Ils reviennent au printemps afin de construire leur nid, 92
de pondre leurs œufs et d'élever leurs oisillons. En France, l'expression « une hirondelle 107
ne fait pas le printemps » signifie qu'il ne faut pas se fier aux apparences : 122
ce n'est pas parce qu'une seule hirondelle est revenue que l'hiver est fini, on ne peut 141
donc pas prouver une généralité à partir d'un fait isolé. 152

Essai 1 | Essai 2 | Essai 3

Pense à tenir compte des liaisons !

Le passé simple

JE RETIENS

Le **passé simple** est un temps du passé qui permet d'évoquer une action courte et soudaine.
Il y a quatre sortes de terminaisons :

- 1er groupe : **ai / as / a / âmes / âtes / èrent**.
- 2e et 3e groupes : **is / is / it / îmes / îtes / irent**.
- 3e groupe : **us / us / ut / ûmes / ûtes / urent**.
- venir et tenir : **ins / ins / int / înmes / întes / inrent**.

1 Dans le texte suivant, souligne les six verbes conjugués au passé simple, et indique leur infinitif.

Le garde forestier s'approcha doucement du bruit qu'il avait entendu. Il fit un pas de plus et s'immobilisa. Des braconniers installaient des pièges dans un espace pourtant protégé. Ils comprirent alors qu'ils étaient observés, mais c'était trop tard : le garde forestier bondit et les mit en joue.

a. .... b. ....

c. .... d. ....

e. .... f. ....

2 Coche la phrase dans laquelle le verbe souligné est conjugué au passé simple.

◯ Mes parents étaient très heureux de nous retrouver.

◯ Nous eûmes beaucoup de pitié pour lui.

3 Complète cette grille de mots croisés en conjuguant au passé simple, avec le sujet proposé.

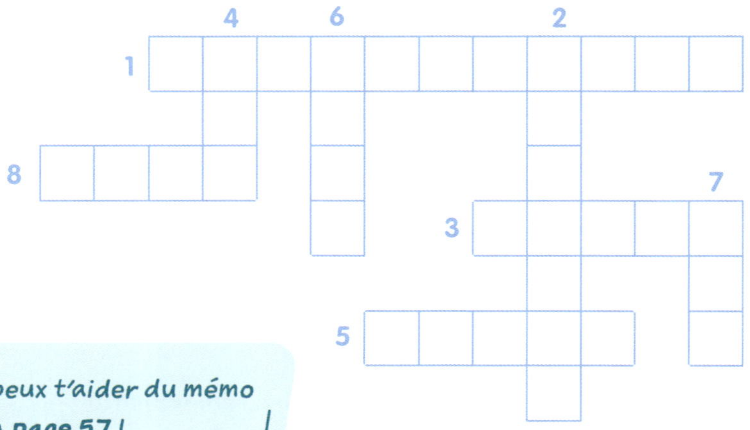

1. Regarder, elles
2. Refaire, nous
3. Dire, vous
4. Avoir, tu
5. Pouvoir, nous
6. Aller, il
7. Savoir, elle
8. Venir, je

Tu peux t'aider du mémo de la **page 57** !

L'attribut du sujet

JE RETIENS

L'**attribut du sujet** apporte des informations sur l'état du sujet.
On le trouve après un verbe d'état. Il s'accorde en genre et en nombre avec le sujet.
Exemple : Valérie est **sérieuse**.

Un verbe d'état peut être remplacé par être dans une phrase.

1 Retrouve et souligne les six attributs du sujet.

La forêt était calme. Même les arbres paraissaient silencieux, comme s'ils attendaient que quelque chose se passe. Seul le vent devenait de plus en plus violent, amenant avec lui des nuages qui semblaient d'une couleur inhabituelle. Les animaux s'étaient réfugiés dans leur terrier, les oiseaux dans leur cache. La nature avait l'air prête à affronter cet orage qui s'avèrerait impitoyable.

2 Entoure les verbes d'état.

tourner	être	avoir l'air	prendre
sembler	prêter	bousculer	pouvoir
circuler	paraître	devenir	demeurer

3 Relie chaque phrase avec l'attribut correct.

Elsa est •	• compliquée.
Thomas et Guillaume semblent •	• difficile à conduire.
Mon camion est devenu •	• très sérieuse.
Cette partie s'annonce •	• complètement perdus.

4 Transforme l'adjectif épithète souligné en attribut du sujet, en utilisant le verbe ***être***. Observe l'exemple.

→ **Exemple :** un petit chien → Le chien est petit.

a. De vieilles armoires → Les armoires ....

b. Une exposition extraordinaire → L'exposition ....

c. Une jolie voiture bleue → La voiture ....

DÉFI

Coche les mots qui sont des adjectifs qualificatifs.

○ important ○ importer ○ importance ○ importé

L'accord du participe passé

JE RETIENS

Quand un verbe est conjugué à un temps composé (passé composé, plus-que-parfait, etc.), son **participe passé** peut parfois s'accorder.

- Avec l'**auxiliaire être**, le participe passé s'accorde en genre et en nombre avec le sujet.

Exemple : Elsa **est** parti<u>e</u> en vacances.

- Avec l'**auxiliaire avoir**, le participe passé ne s'accorde pas en genre et en nombre avec le sujet.

Exemple : Elles **ont** gagné le match.

1 Souligne les dix participes passé du texte, et entoure leur terminaison.

Quand Mélissa est arrivée dans la maison, on avait éteint la lumière. Elle s'est alors avancée, et nous avons bondi de derrière le canapé. La jeune femme a poussé un grand cri de frayeur, puis elle a reconnu nos visages. Elle s'est mise à rire et à sauter de joie. Nous avons entonné la traditionnelle chanson en son honneur. Mélissa a fait le tour et nous a pris un par un dans ses bras.

2 Complète ces phrases en conjuguant le verbe ***aller*** au passé composé.

a. Justine et Lola .... au musée ce week-end.

b. Alexandre et Lola .... au musée ce week-end.

c. Justine .... au musée ce week-end.

d. Alexandre .... au musée ce week-end.

Si le sujet comporte un nom masculin et un nom féminin, le participe passé s'accorde au masculin pluriel.

3 Complète les participes passés pour faire l'accord, lorsque c'est nécessaire.

Quand l'arbitre a sifflé............, les joueurs sont sorti............ des vestiaires pour entrer sur le terrain. Malgré les rafales de vent qui étaient devenu............ de plus en plus violentes, les supporters avaient commencé............ à encourager les sportifs. Les deux capitaines se sont approché............ de l'arbitre, qui leur a rappelé............ les règles essentielles. Les deux joueurs se sont salué............ puis sont retourné............ près de leurs coéquipiers. Une fois le coup d'envoi donné, les chants des supporters sont descendu............ des gradins, et la tension est monté............ d'un cran.

Repère les auxiliaires être et avoir, puis observe le genre et le nombre des sujets des verbes qui ont besoin d'être accordés.

Les registres de langue

JE RETIENS

On utilise différents registres de langue selon la personne à laquelle on s'adresse, ou la situation dans laquelle on se trouve.

- **registre courant** : c'est un registre neutre que l'on utilise dans la vie de tous les jours.
  Exemple : Bonjour, comment allez-vous ?
- **registre soutenu** : il sert à soigner son expression, par exemple lors de la rédaction d'un discours ou d'un roman.
  Exemple : Bonjour, comment vous portez-vous aujourd'hui ?
- **registre familier** : il est généralement employé à l'oral, avec des parents ou des amis. Il utilise des abréviations, des mots familiers et certaines phrases peuvent être incomplètes.
  Exemple : Salut, ça roule ?

1 Classe ces mots selon le registre auquel ils appartiennent :

bluffer – **flic** – **dormir** – **rétribution** – **réprimande** – **travail** – **acquisition** – **acheter** – **galérer**.

Familier	Courant	Soutenu
....	....	....
....	....	....
....	....	....

2 Trouve un synonyme en langage courant pour chacun de ces mots appartenant au langage soutenu.

a. trépasser → ....
b. acheminer → ....
c. échoppe → ....
d. résidence → ....
e. péripétie → ....
f. réprobation → ....

3 Réécris ce texte en langage courant.

Y'avait ce mec, Jack. Il roulait à toute berzingue dans sa bagnole quand tout d'un coup, il s'est retrouvé avec un pneu à plat sur une route paumée. Du coup, il s'est dit : « C'est vraiment pas de bol ! »

→ ....

....

....

DÉFI

Écris une courte phrase dans chaque registre.

Registre familier : ....

Registre courant : ....

Registre soutenu : ....

Le plus-que-parfait de l'indicatif

JE RETIENS

Le **plus-que-parfait** est un temps du passé.

Il est composé de l'**auxiliaire** (être ou avoir) **à l'imparfait**, et du **participe passé** du verbe.

Le plus-que-parfait permet d'évoquer une action qui a eu lieu avant une autre action qui se passe dans le passé.

Exemple : elle **avait lu** / tu **étais arrivé**.

1 Entoure uniquement les verbes conjugués au plus-que-parfait de l'indicatif.

avons fait	fûmes venu	ont appris
descendions	pouviez	eut vendu
étions passés	aviez parlé	était parti
avais vu	aura couru	avais mangé

2 Conjugue les verbes suivants au plus-que-parfait, avec le sujet proposé.

a. Être → il ....
b. Revenir → nous ....
c. Mordre → Loïc ....
d. Promettre → tu ....
e. Avoir → j' ....
f. Entendre → Julia et Cassandra ....

*Tu peux t'aider du mémo de la **page 58** !*

3 Écris ces phrases en mettant les verbes conjugués au plus-que-parfait de l'indicatif.

a. Mon grand-père accroche le tableau au mur.

→ ....

....

b. Je viens et je le vois.

→ ....

....

c. Le maître compte les livres, puis range la bibliothèque.

→ ....

....

d. Ma mère m'a demandé de lui dire qui est venu.

→ ....

....

Les mots en [j]

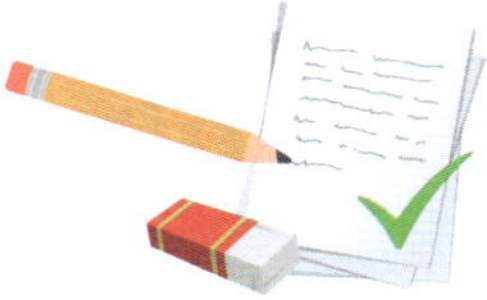

JE RETIENS

Les noms masculins en **[aj]**, **[ɛj]**, **[uj]** et **[œj]** se terminent par la lettre *l* (sauf portefeuille, chèvrefeuille et millefeuille).
Exemples : un portail, le soleil, du fenouil, un écureuil.

Les noms féminins en **[aj]**, **[ɛj]**, **[uj]** et **[œj]** se terminent par -ille
Exemples : une paille, une abeille, la rouille, une feuille.

Après les lettres c et g, le eu de -euil est inversé : cueillir, accueil, orgueil, etc.

1 Tina ne connaît pas bien sa leçon concernant le son **[j]**. Aide-la à corriger ses erreurs.

a. *Le voyageur cherche le soleille lors de ses vacances. Il ne doit pas oublier son chapeau de pail !*

→ ....

b. *La fouil à l'aéroport est obligatoire pour la sécurité de tous. Il faut parfois signer une feuil.*

→ ....

c. *Il est interdit d'emporter une bouteil, même si elle ne contient que du jus de fenouille.*

→ ....

2 Trouve la sortie de ce labyrinthe : ne passe que par les cases dont les mots s'écrivent avec deux ***l*** (-aille, -euille, -ouille, -eille).

DÉFI

Un intrus s'est glissé parmi ces mots. Entoure-le.

portefeuille   bouteille   pagaille   grenouille

Lire de manière expressive

1 Tu es face à un danger. Courageusement, tu préviens tes amis. Lis la phrase avec le ton approprié, en fonction des indications données.

Attention, le voilà !

a. Articule la phrase (sans émettre aucun son) pour prévenir tes amis sans te faire repérer.

b. Murmure la phrase à tes amis de façon très discrète.

c. Parle à ton groupe d'amis de façon à te faire entendre de tous.

d. Crie pour prévenir tout le monde du danger.

2 Lis une première fois chaque phrase silencieusement puis entoure, parmi les trois proposés, le sentiment ressenti par le personnage. Relis ensuite chaque phrase à voix haute avec le ton approprié.

a. Il fait vraiment noir… Quel est ce bruit étrange ?

Peur   Surprise   Dégoût

b. Demain ? Tu le veux pour demain ? Mais je n'aurai jamais fini !

Joie   Angoisse   Honte

c. Des sardines au petit déjeuner ? Euh… non merci.

Tristesse   Joie   Dégoût

3 Fluette la fée vient en aide à Dragomino le dragon. Lis ce dialogue en modifiant ta voix pour chaque personnage.

« Que t'arrive-t-il, mon pauvre Dragomino ? Tu m'as l'air bien mal en point !

– C'est encore ce maudit chevalier ! Avec son épée tranchante, il m'a blessé à la patte.

– Laisse-moi regarder.

– Jamais de la vie ! Je n'ai pas besoin de ton aide, minuscule mouchette !

– Comme tu voudras, gros bêta…

Après plusieurs jours d'agonie, le dragon appelle à l'aide en gémissant :

– Fluette… Fluette… Que je regrette ! Je souffre tellement…

– Dragomino le costaud aurait-il besoin d'aide ?

– Je te présente toutes mes excuses, ma mignonnette.

– Excuses acceptées. Allez, montre-moi cette vilaine blessure. »

Lorsque tu racontes une histoire à voix haute, les gens qui t'écoutent seront d'autant plus attentifs si tu adaptes ta voix aux personnages qui parlent, car cela rend l'histoire plus vivante.

Sens propre et sens figuré

JE RETIENS

Le **sens propre** désigne le sens premier d'un mot ou d'une expression.
Exemple : Le cœur bat. → Le cœur bat réellement dans la poitrine.

Le **sens figuré** utilise des mots ou des expressions d'une manière symbolique ou imagée pour exprimer une idée différente, dans un autre contexte.
Exemple : Avoir le cœur brisé. → Le cœur n'est pas réellement cassé en morceaux, la personne désignée se sent triste ou blessée émotionnellement.

1 Indique si les mots en gras sont au sens propre ou au sens figuré.

	sens propre	sens figuré
a. Ce chat dort comme une **souche**.	◯	◯
b. L'orage a arraché le chêne, il ne reste plus que la **souche**.	◯	◯
c. Alex **dévore** son livre sur les pirates.	◯	◯
d. Le lion **dévore** la gazelle que les lionnes lui ont apportée.	◯	◯
e. L'archer mit une seule **flèche** dans son carquois.	◯	◯
f. Cet idiot n'est vraiment pas une **flèche**.	◯	◯

2 Relie chaque expression à sa définition.

Broyer du noir. •	• Être pessimiste.
Avoir un trou noir. •	• Acheter dans un commerce clandestin ou non autorisé.
Être noir de monde. •	• Être triste ou déprimé.
Voir tout en noir. •	• Oublier quelque chose complètement.
Aller au marché noir. •	• Être très animé, avec une foule importante.

3 Complète ces expressions au sens figuré.

a. Mettre de l'.................................... sur le feu.
b. Donne sa langue au ....
c. Prendre le .... par les cornes.
d. Mettre les pieds dans le ....
e. Sauter du .... à l'âne.
f. Mettre la .... avant les bœufs.

Les expressions ont très souvent recours au sens figuré. Elles font appel à ton imagination pour exprimer une idée avec plus de force.

DÉFI

Laquelle de ces expressions signifie « être bon et généreux » ?
Coche la bonne réponse.

☐ Avoir un cœur d'artichaut. ☐ Avoir un cœur d'or. ☐ Avoir un cœur de pierre.

Production d'écrit

1 Écris une courte histoire avec les mots suivants :

nuage – **délicieux** – **boire** – **sauterelle** – **vide**.

Tu peux accorder les noms et les adjectifs et conjuguer le verbe.

2 Écris une courte histoire sans utiliser la lettre ***d***.

Les homophones (3)

JE RETIENS

- *leur*, pronom personnel, est **invariable**. C'est un complément placé devant le verbe qui appartient au groupe verbal. C'est le pluriel du pronom personnel *lui*.
  Exemples : Elle leur chante une chanson. Elle lui chante une chanson.
- *leur/leurs*, déterminants possessifs appartiennent au groupe nominal et **s'accordent** en nombre avec le nom.
  Exemples : Elle chante leur chanson. Elle chante leurs chansons. – Les enfants réfléchissent avec leur cerveau, pas avec leurs mains ! (Chaque enfant a un cerveau mais deux mains, donc cerveau est au singulier et mains au pluriel).

1 Souligne les mots en gras : en **rouge** les pronoms personnels ; en **bleu** les déterminants possessifs.

L'ours polaire est une espèce animale en voie de disparition. Ces animaux sont fragiles. **Leurs** conditions de vie sont de plus en plus difficiles et **leur** habitat se réduit avec la fonte des glaces. La pollution par les hydrocarbures et les rejets chimiques humains **leur** empoisonnent l'organisme. Ces produits chimiques, ils les stockent dans **leur** graisse, ce qui affaiblit **leur** système immunitaire. **Leur** population pourrait disparaître dans quelques décennies si nous ne **leur** offrons pas plus de protection.

Tu reconnaîtras les déterminants possessifs si tu peux remplacer leur par son et leurs par ses.

2 Recopie les phrases en accordant le pronom personnel *lui* au pluriel.

a. Elle lui donne le biberon. → ....

b. Il lui apporte son goûter. → ....

c. Nous lui distribuons les feuilles. → ....

d. Les ours lui inspirent de l'admiration. → ....

3 Ajoute un ***s*** à *leur* lorsque cela est nécessaire.

a. Les hommes préhistoriques trouvaient leur.... proies dans la forêt et nourrissaient leur.... enfants de petits animaux et de fruits.

b. Les membres du clan protégeaient leur.... chef en cas d'attaque de tigre.

c. Leur.... enfants apprenaient à faire du feu et à fabriquer des outils.

d. Le chef devait parfois leur.... annoncer la migration du clan vers un endroit plus riche en nourriture.

DÉFI

Amina a fait une erreur dans sa dictée. Entoure-la, puis corrige-la.

Les enfants jouaient au ballon lorsque le professeur leurs a rappelé qu'ils devaient utiliser le terrain de sport ou le gymnase pour leurs jeux.

→ ....

Évaluation

1 Conjugue les verbes suivants au passé simple, à la personne demandée.

a.	Porter, 2e personne du singulier	
b.	Prendre, 1re personne du pluriel	
c.	Faire, 3e personne du pluriel	
d.	Avoir, 2e personne du pluriel	
e.	Être, 1re personne du singulier	
f.	Mettre, 3e personne du singulier	

2 Dans les phrases suivantes, complète le participe passé pour qu'il soit bien accordé, lorsque cela est nécessaire.

a. Quand la chanteuse est arrivé............. sur scène, la foule a applaudi..............

b. Pierre et Éric sont revenu............. trop tard : Maman était déjà parti..............

c. Mon cousin a garé............. la voiture un peu plus loin : Julie est allé............. la chercher.

d. Des tuiles sont tombé............., mais j'ai déjà fait............. les réparations.

e. Martine et sa sœur sont entré............. dans la pièce mais n'ont trouvé............. personne.

f. Sont-ils allé............. voir le film ? On en a parlé............. hier…

Commence par vérifier l'auxiliaire utilisé, puis analyse le sujet des verbes composés avec être.

3 Conjugue les verbes suivants au plus-que-parfait de l'indicatif, avec le sujet proposé.

a. Prendre → nous ....

b. Conserver → elle ....

c. Revenir → Pierre ....

d. Finir → vous ....

e. Dire → j' ....

f. Crier → ils ....

Si tu as un doute, tu peux t'aider des tableaux de conjugaison des pages mémo.

4 Dans les phrases suivantes, souligne l'attribut du sujet, lorsqu'il y en a un.

a. Ma petite sœur semble très préoccupée.

b. Les lions guettent leur proie.

c. Pour une fois, tu as l'air content de me voir !

d. Dormir reste mon activité favorite.

e. Il habite dans la rue de la boulangerie.

f. Parfois, je deviens nerveux sans raison.

5 Indique, pour chaque phrase, si ***leur(s)*** est pronom personnel ou déterminant possessif.

a. Vous leur rendrez service. → ....

b. Cette histoire, nous la leur racontons souvent. → ....

c. Leur ami, vous l'attendez ? → ....

d. Entendez-vous leurs cris ? → ....

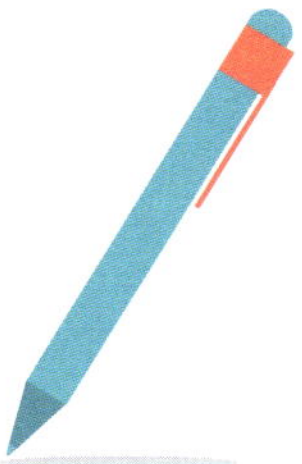

1, 2, 3. . . LIS EN UNE MINUTE TRENTE !

Le pêcheur avait minutieusement préparé son matériel : une canne à pêche 11
télescopique en fibre de carbone, un solide moulinet et une sélection de mouches 24
artificielles finement conçues pour tromper les truites les plus méfiantes. Il s'installa 37
discrètement au bord de la rivière, attendant patiemment que ses premières prises 49
mordent à l'hameçon. Alors que le soleil atteignait son zénith et que les reflets 64
de la lumière jouaient à la surface de l'eau, le pêcheur sentit soudain une légère 80
tension sur sa ligne. D'un mouvement expert, il mit la main à la manivelle et tira 97
doucement, sentant la résistance caractéristique de l'animal qui avait mordu 108
à l'appât. Peu à peu, sa silhouette se dessina sous la surface de l'eau. Ce devait 126
au moins être un brochet ! Le pêcheur continua à remonter sa ligne jusqu'à faire 141
émerger de l'eau... une chaussure remplie d'eau ! 150

Essai 1 Essai 2 Essai 3

Au cours de tes lectures, tu peux rencontrer des mots compliqués que tu ne connais pas forcément. Souvent, le contexte te permettra de comprendre le sens principal de ces mots sans avoir recours au dictionnaire.

L'imparfait

Pour conjuguer un verbe à l'imparfait, on écrit le radical puis on ajoute la terminaison. Ce temps exprime une action passée qui dure dans le temps ou qui se répète.

Verbes du 1er groupe	Verbes du 2e groupe
REGARDER	**GROSSIR**
Je regard**ais**	Je grossiss**ais**
Tu regard**ais**	Tu grossiss**ais**
Il/Elle/On regard**ait**	Il/Elle/On grossiss**ait**
Nous regard**ions**	Nous grossiss**ions**
Vous regard**iez**	Vous grossiss**iez**
Ils/Elles regard**aient**	Ils/Elles grossiss**aient**

Verbes du 3e groupe		
DIRE	**ALLER**	**PRENDRE**
Je dis**ais**	J'all**ais**	Je pren**ais**
Tu dis**ais**	Tu all**ais**	Tu pren**ais**
Il/Elle/On dis**ait**	Il/Elle/On all**ait**	Il/Elle/On pren**ait**
Nous dis**ions**	Nous all**ions**	Nous pren**ions**
Vous dis**iez**	Vous all**iez**	Vous pren**iez**
Ils/Elles dis**aient**	Ils/Elles all**aient**	Ils/Elles pren**aient**

Auxiliaires	
ÊTRE	**AVOIR**
J'ét**ais**	J'av**ais**
Tu ét**ais**	Tu av**ais**
Il/Elle/On ét**ait**	Il/Elle/On av**ait**
Nous ét**ions**	Nous av**ions**
Vous ét**iez**	Vous av**iez**
Ils/Elles ét**aient**	Ils/Elles av**aient**

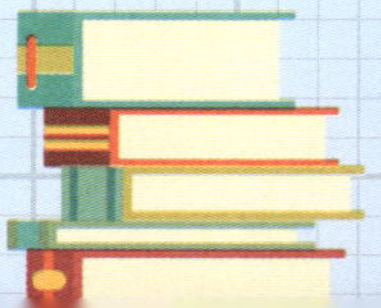

Le futur

Pour conjuguer un verbe au futur, on écrit l'infinitif puis on ajoute la terminaison. Attention ! il existe cependant des exceptions pour les verbes du 3e groupe.

Verbes du 1er groupe	Verbes du 2e groupe
COMMENCER	**FINIR**
Je commencer**ai**	Je finir**ai**
Tu commencer**as**	Tu finir**as**
Il/Elle/On commencer**a**	Il/Elle/On finir**a**
Nous commencer**ons**	Nous finir**ons**
Vous commencer**ez**	Vous finir**ez**
Ils/Elles commencer**ont**	Ils/Elles finir**ont**

Verbes du 3e groupe

PARTIR	ALLER	FAIRE
Je partir**ai**	J'ir**ai**	Je fer**ai**
Tu partir**as**	Tu ir**as**	Tu fer**as**
Il/Elle/On partir**a**	Il/Elle/On ir**a**	Il/Elle/On fer**a**
Nous partir**ons**	Nous ir**ons**	Nous fer**ons**
Vous partir**ez**	Vous ir**ez**	Vous fer**ez**
Ils/Elles partir**ont**	Ils/Elles ir**ont**	Ils/Elles fer**ont**

Auxiliaires

ÊTRE	AVOIR
Je ser**ai**	J'aur**ai**
Tu ser**as**	Tu aur**as**
Il/Elle/On ser**a**	Il/Elle/On aur**a**
Nous ser**ons**	Nous aur**ons**
Vous ser**ez**	Vous aur**ez**
Ils/Elles ser**ont**	Ils/Elles aur**ont**

Le passé composé (avec avoir)

Verbes

DONNER	GRANDIR	POUVOIR
J'ai donné	J'ai grandi	J'ai pu
Tu as donné	Tu as grandi	Tu as pu
Il/Elle/On a donné	Il/Elle/On a grandi	Il/Elle/On a pu
Nous avons donné	Nous avons grandi	Nous avons pu
Vous avez donné	Vous avez grandi	Vous avez pu
Ils/Elles ont donné	Ils/Elles ont grandi	Ils/Elles ont pu

Auxiliaires

ÊTRE	AVOIR
J'ai été	J'ai eu
Tu as été	Tu as eu
Il/Elle/On a été	Il/Elle/On a eu
Nous avons été	Nous avons eu
Vous avez été	Vous avez eu
Ils/Elles ont été	Ils/Elles ont eu

Il y a beaucoup plus de verbes conjugués avec l'auxiliaire avoir qu'avec l'auxiliaire être.

Le passé composé (avec être)

Verbes

TOMBER	ALLER	VENIR
Je suis tombé(e)	Je suis allé(e)	Je suis venu(e)
Tu es tombé(e)	Tu es allé(e)	Tu es venu(e)
Il/Elle/On est tombé(e)	Il/Elle/On est allé(e)	Il/Elle/On est venu(e)
Nous sommes tombé(e)s	Nous sommes allé(e)s	Nous sommes venu(e)s
Vous êtes tombé(e)s	Vous êtes allé(e)s	Vous êtes venu(e)s
Ils/Elles sont tombé(e)s	Ils/Elles sont allé(e)s	Ils/Elles sont venu(e)s

Le passé simple

Les terminaisons du passé simple dépendent du groupe auquel appartient le verbe. Ce temps s'utilise surtout à l'écrit et exprime une action passée de courte durée, qui a eu lieu à un moment précis.

Verbes du 1er groupe

DANSER
Je dans**ai**
Tu dans**as**
Il/Elle/On dans**a**
Nous dans**âmes**
Vous dans**âtes**
Ils/Elles dans**èrent**

Verbes du 2e groupe

FINIR
Je fin**is**
Tu fin**is**
Il/Elle/On fin**it**
Nous fin**îmes**
Vous fin**îtes**
Ils/Elles fin**irent**

Verbes du 3e groupe

FAIRE	COURIR	PRENDRE
Je f**is**	Je cour**us**	Je v**ins**
Tu f**is**	Tu cour**us**	Tu v**ins**
Il/Elle/On f**it**	Il/Elle/On cour**ut**	Il/Elle/On v**int**
Nous f**îmes**	Nous cour**ûmes**	Nous v**înmes**
Vous f**îtes**	Vous cour**ûtes**	Vous v**întes**
Ils/Elles f**irent**	Ils/Elles cour**urent**	Ils/Elles v**inrent**

Auxiliaires

ÊTRE	AVOIR
Je f**us**	J'**eus**
Tu f**us**	Tu **eus**
Il/Elle/On f**ut**	Il/Elle/On **eut**
Nous f**ûmes**	Nous **eûmes**
Vous f**ûtes**	Vous **eûtes**
Ils/Elles f**urent**	Ils/Elles **eurent**

Le plus-que-parfait (avec avoir)

Verbes

DANSER	FINIR	PRENDRE
J'avais dansé	J'avais fini	J'avais pris
Tu avais dansé	Tu avais fini	Tu avais pris
Il/Elle/On avait dansé	Il/Elle/On avait fini	Il/Elle/On avait pris
Nous avions dansé	Nous avions fini	Nous avions pris
Vous aviez dansé	Vous aviez fini	Vous aviez pris
Ils/Elles avaient dansé	Ils/Elles avaient fini	Ils/Elles avaient pris

Auxiliaires

ÊTRE	AVOIR
J'avais été	J'avais eu
Tu avais été	Tu avais eu
Il/Elle/On avait été	Il/Elle/On avait eu
Nous avions été	Nous avions eu
Vous aviez été	Vous aviez eu
Ils/Elles avaient été	Ils/Elles avaient eu

Il y a beaucoup plus de verbes conjugués avec l'auxiliaire avoir qu'avec l'auxiliaire être.

Le plus-que-parfait (avec être)

Verbes

TOMBER	DESCENDRE	VENIR
J'étais tombé(e)	J'étais descendu(e)	J'étais venu(e)
Tu étais tombé(e)	Tu étais descendu(e)	Tu étais venu(e)
Il/Elle/On était tombé(e)	Il/Elle/On était descendu(e)	Il/Elle/On était venu(e)
Nous étions tombé(e)s	Nous étions descendu(e)s	Nous étions venu(e)s
Vous étiez tombé(e)s	Vous étiez descendu(e)s	Vous étiez venu(e)s
Ils/Elles étaient tombé(e)s	Ils/Elles étaient descendu(e)s	Ils/Elles étaient venu(e)s

Corrigés

PAGE 6

1. Le chevalier **avançait** dans les bois quand il **entendit** un bruit sourd. Un gros arbre **était tombé** tout près de lui. L'homme en armure **s'arrêta** pour écouter la forêt qui **restait** silencieuse.
2. **a)** Attendre, 3ᵉ groupe. **b)** Souffler, 1ᵉʳ groupe. **c)** Finir, 2ᵉ groupe. **d)** Avoir, 3ᵉ groupe (ou auxiliaire).
3. **a)** Hier, **il** a dormi dans sa cabane. **b)** La semaine prochaine, **elles** nous rendront visite. **c)** **Ils** sont venus te chercher. **d)** **Vous** êtes invités à mon anniversaire.

PAGE 7

1. Tous les matins, je **descends** les escaliers et je **retrouve** ma petite sœur dans la cuisine. Elle **est** particulièrement bavarde et même si je n'en **ai** pas très envie, je **finis** par l'écouter me raconter ses rêves. Elle **peut** parler pendant vingt minutes !
   a) Descendre → 3ᵉ groupe.
   b) Retrouver → 1ᵉʳ groupe.
   c) Être → 3ᵉ groupe (ou auxiliaire).
   d) Avoir → 3ᵉ groupe (ou auxiliaire).
   e) Finir → 2ᵉ groupe.
   f) Pouvoir → 3ᵉ groupe.
2. **a)** obéissez. **b)** veux. **c)** déplaçons. **d)** jettes.
3.

PRENNENT ; PRENDS ; PRENONS.

PAGE 8

1. Après cette longue marche dans la forêt, le groupe décida de faire une petite pause. Les sacs lourds furent enlevés, et on en profita pour prendre une légère collation revigorante.
2.

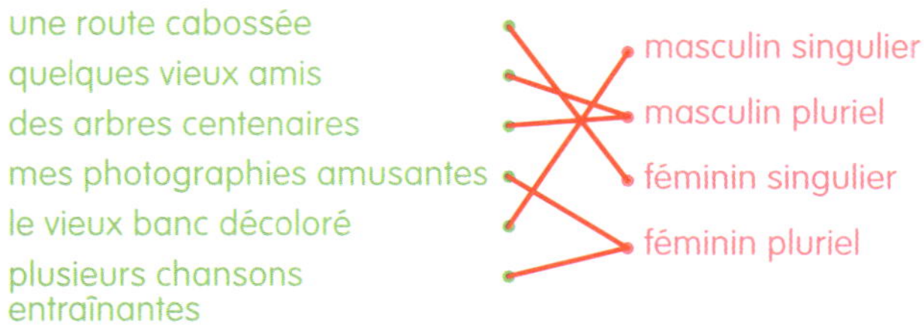

3. des actrices connues ; une fée méchante ; mon blouson usé ; des boulangers occupés.

PAGE 9

1. Poursuivies par **le lion féroce** (M), **les gazelles apeurées** (F) courent dans **la savane infinie** (F). Elles font **des bonds désespérés dans tous les sens** (M) pour tenter de semer **l'impitoyable prédateur** (M).
2. **a)** Une actrice française. **b)** La chienne gentille. **c)** Cette fille timide. **d)** Ma voisine bruyante.
3. **a)** vieille. **b)** nouvelle ; amie ; petite ; cousine. **c)** jeunes ; filles ; canadiennes ; grande ; maison. **d)** longue ; chevelure ; blonde.

guenon ; marraine ; impératrice.

PAGE 11

1. **a)** On peut entendre cette phrase dans un avion. **b)** Cette histoire se déroule pendant l'été. **c)** Gabriel est horloger.
2. **a)** des femmes. **b)** un homme et une femme.
3. **a)** Escrime. **b)** Boxe. **c)** Danse.

Aucun, car la pièce est plongée dans le noir.

PAGE 12

1. **a)** ~~chante~~. **b)** ~~table~~. **c)** ~~auquel~~. **d)** ~~elle~~.
2. **a)** Les enfants jouent **avec** leur chien **dans** le jardin **depuis** ce matin. **b)** **Hier**, il a plu toute la journée **sans** interruption. **c)** **Malgré** la fatigue, elle continue **à** travailler. **d)** Le soleil brille **intensément** **dans** le ciel **sans** nuages.
3. lorsque ; comme ; déjà ; très ; aussi ; mais.
4. **a)** beaucoup. **b)** lors de. **c)** comment. **d)** autrement. **e)** lorsque. **f)** jamais.
5. **a)** Les enfants dessinent **souvent** dans le calme. **b)** Ma sœur se lève **tôt** tous les matins. **c)** Esther est née **après** Alice.

PAGE 13

1. J'aimerais voyager dans un **pays** lointain, afin de découvrir des **cultures** différentes et des **paysages** inattendus. Je pourrais même apprendre une nouvelle **langue**, afin de pouvoir parler avec les **populations** locales. Mais ce n'est pour l'instant qu'un doux **rêve**...
2. **a)** Peux-tu mettre de la musique **joyeuse** ? **b)** Plus tard, je voudrais une **grande** maison. **c)** Eva a rangé les assiettes **creuses** dans le placard. **d)** Par ici, il y a des **grosses** vagues.
3.

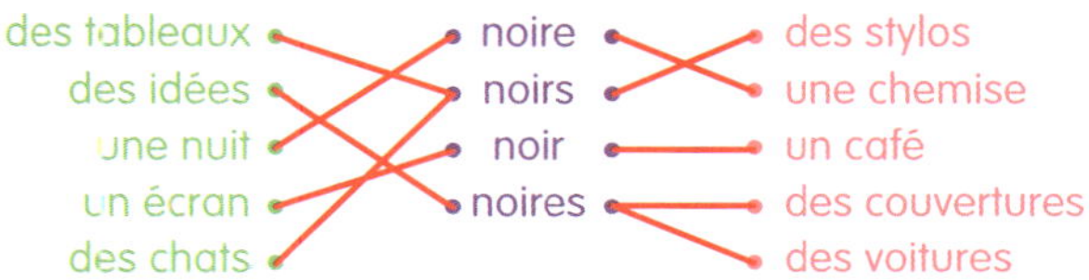

Masculin pluriel ; féminin singulier.

PAGE 15

1.

phrase	déclarative	interrogative	impérative
Le chat dort sur le canapé.	X		
Ferme la porte.			X
Ce gâteau est délicieux !	X		
J'aime écouter de la musique classique.	X		
À quelle heure commence le spectacle ?		X	
Ne cours pas dans les couloirs.			X
Où se trouve la bibliothèque ?		X	
Parle moins fort !			X

2. **a)** Ouvre la fenêtre. **b)** L'eau de la piscine est chaude. **c)** Les hirondelles reviendront-elles au printemps ?

3. **a)** Tu n'as pas beaucoup grandi, tu ne dépasses pas ton frère ! **b)** Je ne te recommande pas ce film, il n'y a aucun acteur connu. **c)** Nous allons en vacances à la montagne car nous aimons skier.

Ni l'un ni l'autre (car un coq ne pond pas d'œuf).

PAGE 16

1. **a)** **Les invités** pénètrent dans le château. → **pénétrer**. **b)** **Les élèves de la classe** ont participé à une chorale. → **participer**. **c)** Demain, **mes amis et moi** irons au musée pour la première fois ! → **aller**. **d)** La semaine dernière, **mes parents** avaient voulu me faire une surprise. → **vouloir**.

2. **a)** Elle est arrivée **sur sa jument blanche**. → **féminin singulier**. **b)** **Ce vieil ordinateur** ne fonctionne plus ! → **masculin singulier**. **c)** Il ne parvient pas à attraper **les souris malignes**. → **féminin pluriel**. **d)** Je ne peux plus utiliser **mes vieux rollers cassés**. → **masculin pluriel**.

3. **a)** Une aviatrice prudente. **b)** Les serveuses polies. **c)** Cette gentille commerçante. **d)** Des belles lionnes.

4. **a)** Nous avertissons. **b)** Je peux. **c)** Ils viennent. **d)** Nous agaçons.

PAGE 17

5. **a)** Mon jeune **ami** est très sympathique.
b) Il m'arrive parfois de faire d'affreux **cauchemars**.
c) J'ai croisé mes anciens **voisins** !
d) Joues-tu de la **guitare** électrique ?

6. **Autrefois**, **dans** un lointain royaume, un jeune prince résidait **dans** un majestueux palais, niché au cœur **d'**une dense forêt. **Particulièrement** doué **en** cuisine, il excellait **dans** la préparation **de** pâtisseries. Aucune recette **ne** lui résistait, **ni** l'éclair le **plus** simple **ni** le somptueux gâteau royal aux **trois** chocolats. Son activité **en** cuisine était incessante, s'étendant du matin **jusqu'**au soir, **et parfois même durant** la nuit.

PAGE 18

1. **a)** Des vitres cassées. **b)** Des nouveaux portails. **c)** Des nez normaux. **d)** Des bals joyeux. **e)** Des coraux rouges. **f)** Des batailles navales.

2. **a)** Mes petits frères ont les genoux écorchés. **b)** Ces garçons heureux grimpent sur ces beaux bateaux. **c)** Les feux tricolores restent sur les couleurs vertes.

3.

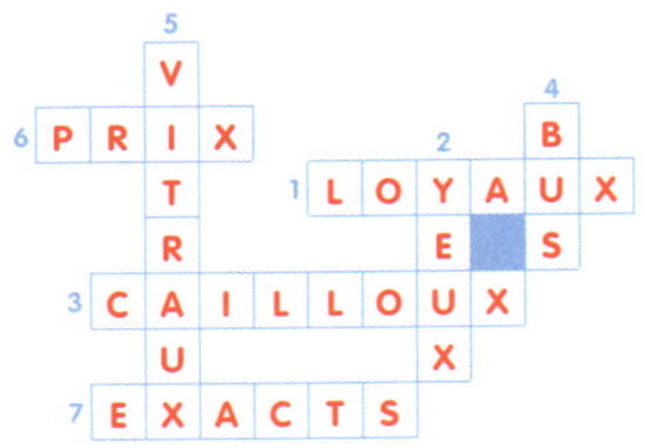

PAGE 19

1. **a)** Sport. **b)** Musique. **c)** Cinéma. **d)** Forêt.

2. **a)** ~~châtaigne~~ → **ville**.
b) ~~cime~~ → **campagne**.
c) ~~stratégie~~ → **cuisine**.
d) ~~échafaudage~~ → **corps humain**.

3. **a)** Italie – Angleterre – Inde – etc. **b)** tristesse – colère – jalousie – etc. **c)** voiture – trottinette – taxi – etc. **d)** loup – balle au prisonnier – épervier – etc.

coléoptère.

PAGE 20

1. **a)** allions, aller → 1re pers. du pluriel.
b) conduisait, conduire → 3e pers. du singulier.
c) essayait, essayer → 3e pers. du singulier.
d) adorais, adorer → 1re pers. du singulier.
e) était, être → 3e pers. du singulier.
f) finissait, finir → 3e pers. du singulier.

2. **a)** rougissais. **b)** buviez. **c)** mangeais. **d)** plaçaient.

3. **a)** Mes parents **descendaient** de voiture et **sonnaient** à la porte. **b)** Tu **rangeais** ta chambre et tu **remplaçais** le sac poubelle. **c)** Elle **appelait** Martin, puis elle **venait** nous voir.

PAGE 21

1. *Exemples.* **a)** **Hier**, le bébé dormait **paisiblement** dans son berceau. **b)** Le train siffle **toujours bruyamment** en approchant de la gare. **c)** Je me suis levé **très tôt** pour aller à l'école.

2. **a)** Elle a attentivement lu ces quelques lignes. **b)** Elle a gracieusement dansé sur scène. **c)** Les élèves sortent bruyamment de cours.

3. **a)** attentivement. **b)** demain. **c)** trop. **d)** derrière.

follement ; évidemment.

PAGE 23

1. Le vieil homme prit son chariot **à roulettes** et entreprit de sortir de chez lui. Il commença par chercher les clés **de la maison**, qu'il trouva sous le fauteuil **du salon**. Il enfila son blouson **sans manches**, son bonnet **en laine**. Il franchit enfin la porte, la ferma et descendit les trois marches **de l'escalier**.

2. **a)** de. **b)** avec. **c)** au. **d)** en.

3.

4. **a)** en couleur. **b)** aux fruits. **c)** au chocolat.

pour ; avec.

PAGE 24

1. a) Les lapins **avaient** froid : ils **étaient** à l'extérieur. b) Dans le terrier, la famille **avait** maintenant bien chaud, les animaux **étaient** apaisés.
2. **ont** ; **On** ; **on** ; **ont** ; **ont** ; **on**.
3. **a** ; **à** ; **a** ; **à** ; **a** ; **à**.
4. **son** ; **son** ; **sont** ; **sont** ; **son** ; **son**.

PAGE 25

1.

endormi | maladif | prévoir | infini | généreuse | animalier | revivre | naturelle

2. a) chanceux. b) français. c) sportif. d) hivernal. e) musical. f) agressif.
3.

plusieurs	au-dessus de la normale	ancien
polygone	hyperactif	archéologie
multitâche	supersonique	paléographie

4. a) éclaircir. b) enrichir. c) enjoliver. d) déraciner. e) démaquiller. f) déchausser.

fleur.

PAGE 26

1. Au mois de mars, nous **partirons** en classe verte. Nous **nous rendrons** dans les Alpes, pour découvrir la forêt. Un guide nous **présentera** les différents végétaux, et nous **fera** goûter quelques fleurs comestibles. Le maître nous a donné des détails sur le dortoir. Les chambres **auront** chacune six lits, et nous **pourrons** choisir nos camarades de chambrée.
a) Partir. b) Se rendre. c) Présenter. d) Faire. e) Avoir. f) Pouvoir.
2.

	jeter	être
je	jetterai	serai
tu	jetteras	seras
il/elle/on	jettera	sera
nous	jetterons	serons
vous	jetterez	serez
ils/elles	jetteront	seront

	vouloir	rougir
je	voudrai	rougirai
tu	voudras	rougiras
il/elle/on	voudra	rougira
nous	voudrons	rougirons
vous	voudrez	rougirez
ils/elles	voudront	rougiront

3. a) appellera.
b) boirai ; serai.
c) balaierai ; feras.

PAGE 27

1. a) avare. b) cadet (né après). c) faire le brave. d) parie.
2. a) paquet. b) observe. c) vide l'eau. d) peur. e) naïf.
3. Voyage comportant de nombreuses étapes.

Ils sont face à face.

PAGE 28

1. a) Mes nouveaux copains habitent des grandes maisons. b) Regarde ces cailloux rares : ils étaient près des vieux châteaux. c) J'ai les genoux douloureux, je vais me reposer sur ces fauteuils confortables. d) Les courageux dresseurs s'approchent de ces animaux spéciaux.
2. a) grandissiez. b) était. c) buvais. d) mangeaient. e) avions. f) glaçais.
3. a) **ont** ; **on**. b) **a** ; **à**. c) **son** ; **sont**.
4. a) gravirez. b) serai. c) pourrons. d) tiendra.

PAGE 29

5. a) Nous dînerons dans la salle **à manger**.
b) Ils vont participer à une course **de chevaux**.
c) Veux-tu bien mettre la nappe **en coton** ?
d) J'ai préparé une tarte **aux abricots**.
6. a) ~~musique~~. b) ~~endive~~. c) ~~voiture~~. d) ~~jungle~~.

PAGE 30

1. a) Le feu **mordait**, mais nous n'arrivions pas à nous **mordre**. b) Pendant qu'il **mordait** la table, Léon a **mordu** la cuisine. c) Tu vas **mordre** le plat que j'ai **mordu**.
2. La boulangère arriv**ait** à peine quand un vieil homme a pénétr**é** dans la boutique. Il lui a ordonn**é** de se dépêch**er** de le servir. La commerçante commenç**ait** à perdre patience. Quand le client a insist**é**, la dame lui a expliqu**é** qu'il se montr**ait** très impoli. L'homme lui a alors demand**é** de bien vouloir l'excus**er**, puis il a attendu gentiment sa commande.
3. Quand le passager est entré dans le bus, le chauffeur a **commencer** par lui **demandé** son ticket. Celui-ci l'a **ignorer**. Le conducteur a alors répété la même chose, avant de comprendre que le vieil homme était complètement sourd !
a) commencé. b) demander. c) ignoré.

PAGE 31

1. Le fermier a vendu **tous ses œufs**. Je pense parfois **à l'avenir**.
2. a) COI. b) COD. c) COD. d) COI.
3. Devant le portail, j'aperçus **le directeur**. Il **me** regarda rapidement puis appela **une enseignante**. La maîtresse s'adressa **à moi** avec beaucoup de douceur et demanda **mon nom**. Les présentations faites, elle sonna **la cloche de fermeture du portail**.
a) COD. b) COD. c) COD. d) COI. e) COD. f) COD.

secouer : **oui** ; grandir : **non** ; aller : **non** ; mettre : **oui**.

PAGE 32

1. a) Le chien court **dans le jardin**.
b) ~~Monique a appelé sa voisine~~.
c) ~~Nous avons mangé de délicieuses frites~~.
d) **De temps en temps**, il faut tailler les arbres.
2.
À cause de toi, je n'ai plus faim. — CCC
Dans deux minutes, nous jouerons aux cartes. — CCT
J'ai posé les dés sur la table. — CCL
Il s'est montré courageux en me défendant. — CCC

3. **Le mercredi**, je vais jouer au foot. Nous marchons **jusqu'au stade** et nous faisons un match. **La semaine dernière**, mon petit frère a beaucoup pleuré **parce qu'il n'a pas marqué**. **Aujourd'hui**, nous le laisserons inscrire un but : il hurlera **de joie** !
a) CCT. b) CCL. c) CCT. d) CCC. e) CCT. f) CCC.

PAGE 33

1. a) Cette visite me donne chaud, je voudrais un **verre** d'eau. b) Je rapporterai un béret **vert** à Maman en souvenir de Paris. c) Je prendrai du **lait** au petit déjeuner. d) Ce tableau est vraiment **laid** !
2. a) ~~énervé~~. b) ~~minuscule~~. c) ~~désagréable~~. d) ~~désœuvré~~.
3. a) clair. b) gauche. c) accepte. d) après.

intransigeant.

PAGE 34

1. **est** ; **et** ; **est** ; **et** ; **est** ; **et**.
2. **Ce** ; **se** ; **ce** ; **se** ; **ce** ; **se**.
3. Les ouvriers se sont levés tôt **se** matin. Ils **ce** sont rendus sur un chantier extraordinaire, et c'est avec beaucoup d'attention qu'ils écoutent les explications. Le bâtiment qu'ils doivent rénover **et** gigantesque et très fragile. Il **c'est** presque effondré et menace de tomber à tout instant.
   a) ce. b) se. c) est. d) s'est.

PAGE 35

3. a) Maman prépare le repas tous les soirs.
   b) Elle adore cuisiner des légumes.
   c) Mais nous, on déteste ça !
   d) Alors tous les soirs, c'est la même histoire.
   e) Maman râle et nous boudons.
   f) Aujourd'hui, elle nous a proposé un arrangement.
   g) On accepte de manger des légumes au moins trois fois par semaine.
   h) Et tous les vendredis, c'est pizza.
   i) Bien sûr, on a dit « OUI » !

Cet hiver, je suis allée en vacances chez Papy et Mamie. Le premier jour, mes frères ont lancé une bataille de boules de neige, puis nous sommes rentrés manger des chamallows grillés !

PAGE 37

1. Hier, nous **avons fait** les magasins. Il y avait beaucoup de monde ! Ma grande sœur **a choisi** une tenue complète pour la rentrée des classes. Mon père **est arrivé** un peu plus tard, il nous **a rejoints** devant le magasin de fournitures scolaires. J'**ai supplié** mes parents de m'acheter un nouveau sac à dos pour mon année de CM2 ! Ils **ont fini** par céder : j'étais vraiment ravi !
2. a) avons marché. b) as rougi. c) a vendu.
   d) avez pu. e) suis parti. f) ont mis.
3.

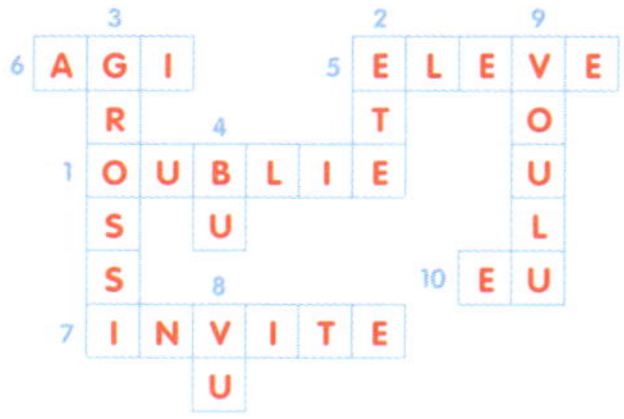

Venir : **être** ; ressembler : **avoir** ; croire : **avoir** ; aller : **être**.

PAGE 39

1. a) couscous. b) anorak. c) babouches. d) bonzaï.
2.

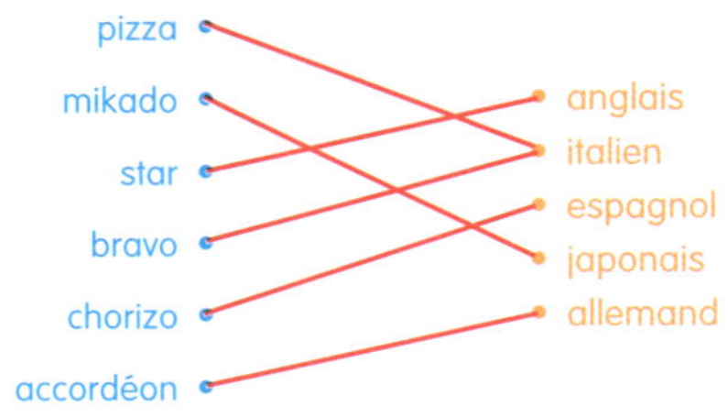

3. Dans le stade de **football**, la tension est à son comble. Au bord du terrain, le **coach** encourage ses joueurs à saisir chaque opportunité. Les **supporters** rugissent d'excitation à chaque **corner** et retiennent leur souffle à l'approche d'un **penalty**. Devant les cages, le **goal** se tient prêt à arrêter chaque ballon.
4. a) emoji. b) paëlla. c) iceberg. d) confetti.

D'origine espagnole.

PAGE 40

1. a) Vous avez changé **de vêtements**. → **COI**
   b) Demain, nous achèterons **des légumes**. → **COD**
   c) Tu **m'**as parlé ? → **COI**
   d) Le chat regarde attentivement **l'écureuil**. → **COD**
2. Quand j'ai allum**é** la télévision, le peloton roul**ait** à vive allure. J'ai augment**é** le volume, puis je me suis install**é** dans le fauteuil. Les cyclistes venaient d'entr**er** dans le petit village à côté du nôtre. Dans la rue, le bruit mont**ait** depuis le début de la journée, et quand les sportifs allaient arriv**er**, ce serait encore pire ! Plus que quelques kilomètres, et la fête pourrait enfin commenc**er**.
3. a) avons grandi. b) es parti. c) ont fabriqué. d) ai été.
4. a) **à la plage de Saint-Jean** → **CCL**
   b) **Parfois** → **CCT**
   c) **À cause de ce mauvais temps** → **CCC**
   d) **demain** → **CCT**

PAGE 41

5. a) **est** ; **et**. b) **se** ; **ce**. c) **s'est** ; **c'est**.
6. piscine — scintillant — flexible — bassin — effroi — souple — ingénieux — astucieux — étincelant — terreur

PAGE 42

1. Le garde forestier **s'approcha** doucement du bruit qu'il avait entendu. Il **fit** un pas de plus et **s'immobilisa**. Des braconniers installaient des pièges, dans un espace pourtant protégé. Ils **comprirent** alors qu'ils étaient observés, mais c'était trop tard : le garde forestier **bondit** et les **mit** en joue.
   a) S'approcher. b) Faire. c) S'immobiliser.
   d) Comprendre. e) Bondir. f) Mettre.
2. Nous **eûmes** beaucoup de pitié pour lui.
3.

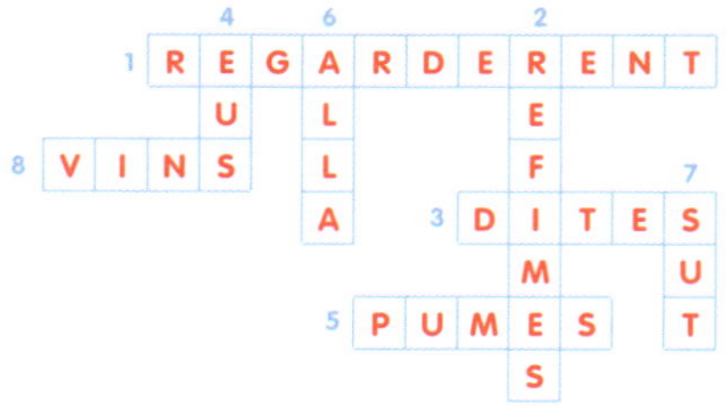

PAGE 43

1. La forêt était **calme**. Même les arbres paraissaient **silencieux**, comme s'ils attendaient que quelque chose se passe. Seul le vent devenait **de plus en plus violent**, amenant avec lui des nuages qui semblaient d'une **couleur inhabituelle**. Les animaux s'étaient réfugiés dans leur terrier, les oiseaux dans leur cache. La nature avait l'air **prête** à affronter cet orage qui s'avèrerait **impitoyable**.

2.

tourner	être	avoir l'air	prendre
sembler	prêter	bousculer	pouvoir
circuler	paraître	devenir	demeurer

3.

Elsa est	compliquée.
Thomas et Guillaume semblent	difficile à conduire.
Mon camion est devenu	très sérieuse.
Cette partie s'annonce	complètement perdus.

4. a) Les armoires **sont vieilles**.
b) L'exposition **est extraordinaire**.
c) La voiture **est jolie et bleue**.

important ; importé.

PAGE 44

1. Quand Mélissa est **arrivée** dans la maison, on avait **éteint** la lumière. Elle s'est alors **avancée**, et nous avons **bondi** de derrière le canapé. La jeune femme a **poussé** un grand cri de frayeur, puis elle a **reconnu** nos visages. Elle s'est **mise** à rire et à sauter de joie. Nous avons **entonné** la traditionnelle chanson en son honneur. Mélissa a **fait** le tour et nous a **pris** un par un dans ses bras.

2. a) sont allées. b) sont allés. c) est allée. d) est allé.

3. Quand l'arbitre a sifflé, les joueurs sont sorti**s** des vestiaires pour entrer sur le terrain. Malgré les rafales de vent qui étaient devenu**es** de plus en plus violentes, les supporters avaient commencé à encourager les sportifs. Les deux capitaines se sont approché**s** de l'arbitre, qui leur a rappelé les règles essentielles. Les deux joueurs se sont salué**s** puis sont retourné**s** près de leurs coéquipiers. Une fois le coup d'envoi donné, les chants des supporters sont descendu**s** des gradins, et la tension est monté**e** d'un cran.

PAGE 45

1.

Familier	Courant	Soutenu
bluffer	dormir	rétribution
flic	travail	réprimande
galérer	acheter	acquisition

2. a) mourir. b) transporter. c) magasin.
d) maison. e) rebondissement. f) reproche.

3. Il y avait cet homme, Jack. Il conduisait à toute vitesse dans sa voiture quand soudain, son pneu a crevé sur une route isolée. Il s'est alors dit : « Je n'ai vraiment pas de chance ! »

PAGE 46

1.

avons fait	fûmes venu	ont appris
descendions	pouviez	eut vendu
étions passés	aviez parlé	était parti
avais vu	aura couru	avais mangé

2. a) Il **avait été**. b) Nous **étions revenus**.
c) Loïc **avait mordu**. d) Tu **avais promis**.
e) J'**avais eu**. f) Julia et Cassandra **avaient entendu**.

3. a) Mon grand-père **avait accroché** le tableau au mur. b) J'**étais venu** et je l'**avais vu**.
c) Le maître **avait compté** les livres, puis **avait rangé** la bibliothèque. d) Ma mère m'**avait demandé** de lui dire qui **était venu**.

PAGE 47

1. a) Le voyageur cherche le **soleil** lors de ses vacances. Il ne doit pas oublier son chapeau de **paille** !
b) La **fouille** à l'aéroport est obligatoire pour la sécurité de tous. Il faut parfois signer une **feuille**.
c) Il est interdit d'emporter une **bouteille**, même si elle ne contient que du jus de **fenouil**.

2.

portefeuille (seul mot masculin).

PAGE 48

2. a) Peur. b) Angoisse. c) Dégoût.

PAGE 49

1. a) Sens figuré. b) Sens propre. c) Sens figuré.
d) Sens propre. e) Sens propre. f) Sens figuré.

2.

Broyer du noir.	Être pessimiste.
Avoir un trou noir.	Acheter dans un commerce clandestin ou non-autorisé.
Être noir de monde.	Être triste ou déprimé.
Voir tout en noir.	Oublier quelque chose complètement.
Aller au marché noir.	Être très animé, avec une foule importante.

3. a) Mettre de l'**huile** sur le feu.
b) Donne sa langue au **chat**.
c) Prendre le **taureau** par les cornes.
d) Mettre les pieds dans le **plat**.
e) Sauter du **coq** à l'âne.
f) Mettre la **charrue** avant les bœufs.

Avoir un cœur d'or.

PAGE 51

1. L'ours polaire est une espèce animale en voie de disparition. Ces animaux sont fragiles. Leurs conditions de vie sont de plus en plus difficiles et leur habitat se réduit avec la fonte des glaces. La pollution par les hydrocarbures et les rejets chimiques humains leur empoisonnent l'organisme. Ces produits chimiques, ils les stockent dans leur graisse, ce qui affaiblit leur système immunitaire. Leur population pourrait disparaître dans quelques décennies si nous ne leur offrons pas plus de protection.
2. a) Elle **leur** donne le biberon.
   b) Il **leur** apporte son goûter.
   c) Nous **leur** distribuons les feuilles.
   d) Les ours **leur** inspirent de l'admiration.
3. a) leur**s** ; leur**s**. b) leur. c) leur**s**. d) leur.

Les enfants jouaient au ballon lorsque le professeur **leur** a rappelé qu'ils devaient utiliser le terrain de sport ou le gymnase pour leurs jeux.

PAGE 52

1. a) portas. b) prîmes. c) firent. d) eûtes. e) fus. f) mit.
2. a) Quand la chanteuse est arrivé**e** sur scène, la foule a applaudi. b) Pierre et Éric sont revenu**s** trop tard : Maman était déjà parti**e**. c) Mon cousin a garé la voiture un peu plus loin : Julie est allé**e** la chercher.
   d) Des tuiles sont tombé**es**, mais j'ai déjà fait les réparations. e) Martine et sa sœur sont entré**es** dans la pièce mais n'ont trouvé personne. f) Sont-ils allé**s** voir le film ? On en a parlé hier…
3. a) Nous **avions pris**. b) Elle **avait conservé**.
   c) Pierre **était revenu**. d) Vous **aviez fini**.
   e) J'**avais dit**. f) Ils **avaient crié**.

PAGE 53

4. a) Ma petite sœur semble **très préoccupée**.
   b) Les lions guettent leur proie.
   c) Pour une fois, tu as l'air **content de me voir** !
   d) Dormir reste **mon activité favorite**.
   e) Il habite dans la rue de la boulangerie.
   f) Parfois, je deviens **nerveux** sans raison.
5. a) Pronom personnel. b) Pronom personnel.
   c) Déterminant possessif. d) Déterminant possessif.